GALLOUÉDEC & MAURETTE

COURS
DE
GÉOGRAPHIE

RÉDIGÉ CONFORMÉMENT AUX PROGRAMMES DE L'ENSEIGNEMENT PRIMAIRE

Cours Élémentaire

OUVRAGE CONFORME
AUX TRAITÉS DE PAIX DE 1919 ET 1920

LIBRAIRIE HACHETTE

3 fr.

L. GALLOUÉDEC
Inspecteur Général de l'Instruction Publique.

F. MAURETTE
Professeur agrégé d'histoire et de Géographie.

COURS DE GÉOGRAPHIE

RÉDIGÉ CONFORMÉMENT AUX PROGRAMMES DE L'ENSEIGNEMENT PRIMAIRE

Cours Élémentaire

OUVRAGE CONFORME
AUX TRAITÉS DE PAIX DE 1919 ET 1920

LIBRAIRIE HACHETTE
79, Boulevard Saint-Germain -:- Paris (6ᵉ)
1922

PRÉFACE

En composant ce **Cours élémentaire de Géographie**, nous avons été guidés par ces deux **principes** :

1° *Conformer* notre enseignement aux données modernes de la science géographique ;

2° *Adapter* notre enseignement, pour le fond et la forme, à l'intelligence des enfants de huit à dix ans.

Notre livre se distingue, en outre, par l'**innovation** suivante : il présente, *sur les pages de gauche*, les exposés de leçons accompagnés de questions, devoirs et résumés ; *sur les pages de droite*, une abondante illustration, soigneusement choisie en vue de rendre frappants les principaux faits géographiques énoncés dans les exposés placés en regard.

L'exposé est destiné à être lu et expliqué en classe, en une ou plusieurs fois au gré du maître. Les **questions** *imprimées en caractères ordinaires* sont des interrogations de contrôle, qui permettent au maître de s'assurer que les faits et les idées développés dans l'exposé ont été saisis par les élèves ; les **questions** *imprimées en italique* sont des questions d'intelligence qui font appel à la réflexion des élèves. Les **devoirs**, tous d'une exécution facile, constituent d'excellents exercices d'application ou de revision. Enfin le **résumé**, qui ne renferme que l'essentiel de ce qui doit rester dans la mémoire des élèves du Cours élémentaire, est destiné à être appris par cœur.

Des devoirs récapitulatifs que le maître pourra utiliser au fur et à mesure de ses leçons se trouvent groupés à la fin de chacune des trois parties de l'ouvrage, c'est-à-dire aux pages 16 et 17 après les " *Notions générales* " ; aux pages 40 et 41 après " *La France* " ; aux pages 52 et 53 après " *Le Monde* ".

L'illustration comporte, indépendamment des **cartes**, simples et claires, correspondant strictement au texte et dont les dimensions ne dépassent jamais le format d'un cahier d'écolier, une collection de gravures qui sont en quelque sorte le commentaire expressif de la leçon. Chacune de ces gravures est accompagnée d'une **légende**, qui aide à la mieux comprendre, et qui, parfois aussi, sollicite l'esprit d'observation et le jugement des élèves.

En utilisant ce livre selon l'esprit, à la fois scientifique et pratique, dans lequel nous nous sommes efforcés de le rédiger, les instituteurs et institutrices sauront atteindre ce double but :

1° Apprendre aux élèves du Cours élémentaire *tous les faits essentiels* de la géographie ;

2° Donner à ces élèves *toutes les idées générales* que leur esprit est à même de comprendre.

COURS ÉLÉMENTAIRE DE GÉOGRAPHIE

I. — NOTIONS GÉNÉRALES

1re Leçon. — OBJET DE LA GÉOGRAPHIE — REPRÉSENTATION DE LA TERRE

1. La géographie nous fait connaître la Terre. — La géographie nous fait connaître la Terre, les mers qui la baignent, les fleuves qui y coulent, les plantes qui y poussent, les animaux qui y vivent, et les hommes qui l'habitent.

2. La Terre nous paraît plate. Elle est ronde. — La Terre est ronde comme une boule. La boule, ou *sphère*, que l'on appelle la Terre, est énorme : elle a 40 000 kilomètres de tour.

Le pays que nous habitons n'est qu'un petit morceau de cette sphère. Ce morceau nous paraît plat. Mais, si nous partions de notre pays dans une direction, et si nous suivions toujours cette même direction en chemin de fer ou en bateau, nous finirions par retrouver notre pays; nous aurions fait le *tour du monde*. Cela prouve que la Terre est ronde.

3. On représente exactement la Terre par un globe. — La Terre est ronde : on peut donc la représenter au moyen d'un *globe*, sur lequel on a dessiné les terres, les mers, les montagnes, les fleuves, les villes.

Mais un globe terrestre est forcément petit : on ne saurait pas où mettre de grands globes ni comment les manier. Les globes donnent donc une petite image de la terre.

4. On représente commodément la Terre ou une partie de la Terre par des cartes. — Le pays que nous habitons nous paraît plat. On peut donc le représenter sur un papier plat : c'est ce qu'on appelle une *carte*.

Les cartes nous montrent le dessin des terres et des mers, des montagnes et des fleuves, des routes et des villes, comme si on les voyait de haut, par exemple d'un ballon ou d'un aéroplane.

Questions. — 1. Qu'est-ce que la géographie nous fait connaître? — 2. Quelle est la forme de la Terre? Combien de kilomètres de tour la Terre a-t-elle? — 3. Par quoi représente-t-on la Terre exactement? — 4. Par quoi représente-t-on la Terre commodément?

Pourquoi peut-on faire le tour de la Terre en allant droit devant soi? — Quelle différence y a-t-il entre un globe et une carte?

RÉSUMÉ. — La géographie nous fait connaître la Terre et tout ce qui se trouve à la surface de la Terre.
La Terre est ronde. Elle a 40 000 kilomètres de tour.
On représente la Terre avec des *globes*, qui sont ronds.
On représente aussi la Terre avec des *cartes*, qui sont plates.

1. — LA TERRE EST RONDE.

1. LA TERRE EST RONDE. — *Regardez ces bateaux sur la mer. Les uns sont près de nous (1 et 2); les autres sont loin. Si la Terre était plate, les derniers (3, 4, 5, 6) nous apparaîtraient bien plus petits que les premiers, comme on les voit ici, mais ils devraient nous apparaître entiers comme les premiers. Or, à mesure qu'ils s'éloignent, la coque et la partie inférieure des mâts disparaissent. Pourquoi? Parce que la Terre est ronde, et sa surface courbe : la coque est cachée peu à peu par la surface courbe de la mer.*

2. UN GLOBE TERRESTRE. — *Puisque la Terre est ronde, il est naturel de la représenter par une boule, ou globe.*

2. GLOBE TERRESTRE.

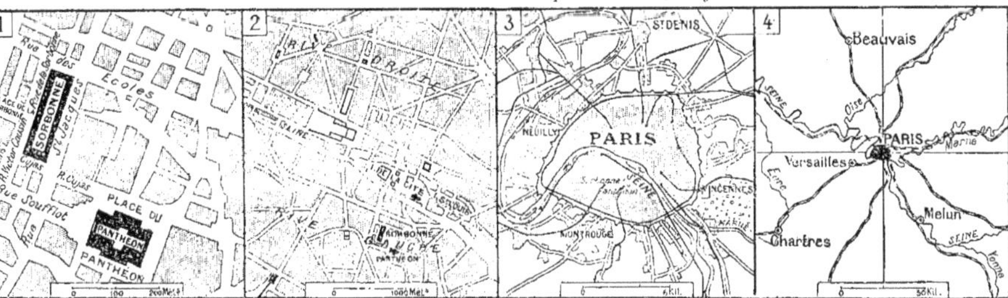

3. CARTES. — *Une carte représente une partie de la Terre sur une feuille plate, comme si cette partie de la Terre était plate et comme si on la voyait de ballon ou d'aéroplane. Regardez la carte n° 1 : elle représente un quartier de Paris; on a pu y dessiner toutes les rues et les pâtés de maison. La carte n° 2 représente, dans un carré aussi petit, un quartier beaucoup plus étendu : on n'y voit plus que les rues principales. Dans la carte n° 3, qui représente toute la ville et sa banlieue, on ne voit plus que le tour de la ville et le fleuve qui la traverse. Dans la carte n° 4, la ville n'occupe qu'une toute petite partie de la carte.*

2e Leçon.

5. Le Soleil éclaire et chauffe la Terre. — Nous sommes éclairés par le Soleil. Nous sommes chauffés par le Soleil.

Quand il n'y a pas de nuages au ciel, le Soleil brille, on voit clair, on a chaud : c'est le *jour*. Quand c'est le soir, le Soleil disparaît, on ne voit plus clair, on a moins chaud : c'est la *nuit* Au matin, le Soleil reparaît, le jour recommence.

6. Le Soleil semble se déplacer dans le ciel. — Ainsi le Soleil se couche tous les soirs, et il se lève tous les matins.

Le Soleil se couche toujours au même point de l'horizon : ce point est le point du *Soleil couchant*, ou *Ouest*. Il se lève toujours au même point de l'horizon : ce point est le point du *Soleil Levant*, ou *Est*.

Après s'être levé, le Soleil monte dans le ciel jusqu'à midi. Midi est l'heure où le soleil est le plus haut dans le ciel, où il éclaire le plus, où il chauffe le plus. Si l'on regarde le point où se trouve alors le Soleil, on est tourné vers le *Midi*, ou *Sud*. Le Sud se trouve à égale distance de l'Est et de l'Ouest.

Il y a un point de l'horizon qui est opposé au Sud, comme l'Est est opposé à l'Ouest : c'est le *Nord*. Le Soleil ne s'y trouve jamais.

7. Les points cardinaux. — On appelle points cardinaux les quatre points que le Soleil nous indique :

1° l'*Est*;

2° l'*Ouest*;

3° le *Sud*;

4° le *Nord*.

Si vous êtes tourné vers le Nord, vous avez l'Est à votre droite, l'Ouest à votre gauche, le Sud derrière vous.

Sur une carte, on met toujours le Nord en haut, le Sud en bas, l'Est à droite, l'Ouest à gauche.

3e Leçon.

8. En réalité, le Soleil est immobile. — L Soleil semble donc tourner chaque jour dans le ci autour de la Terre : il apparaît le matin à l'Est, monte dans le ciel du côté du Sud jusqu'à l'heure d midi, puis il redescend et disparaît du côté de l'Ouest Pendant la nuit, il semble continuer son tour au dessous de l'horizon, puisqu'il reparaît à l'Est, le len demain matin

Voilà comment les choses semblent être. Mais, dan la réalité, il n'en est pas ainsi : le Soleil ne tourn pas autour de la Terre, mais c'est la Terre qui tourn sur elle-même.

9. La Terre tourne sur elle-même. — L Terre tourne sur elle-même comme une toupie.

Tantôt la face de la Terre que nous habitons es exposée au Soleil : c'est alors le jour pour nous, e c'est la nuit pour ceux qui habitent la face opposée

Tantôt la face de la Terre opposée à celle que nou habitons est exposée au Soleil : c'est alors le jour pou ceux qui habitent cette face, et c'est la nuit pour nous

La Terre tourne ainsi sur elle-même en 24 heures

10. Les pôles et l'équateur. Les hémi sphères. — La Terre tournant sur elle-même res semble à une pelote ronde que l'on ferait tourne autour d'une aiguille qui la traverserait.

On appelle *pôles* les deux points de la pelote o l'aiguille percerait sa surface. La Terre tourne don autour des pôles. L'un des pôles est le *pôle Nord* l'autre est le *pôle Sud*.

On appelle *équateur* une ligne imaginaire qu entoure la Terre à égale distance des deux pôles.

On appelle *hémisphères* les deux moitiés du globe ou sphère terrestre, que l'Équateur sépare : entr l'Équateur et le Pôle Nord. c'est l'*hémisphère Nord* entre l'Équateur et le Pôle Sud, c'est l'*hémisphère Sud*

1. — LES QUATRE POINTS CARDINAUX.

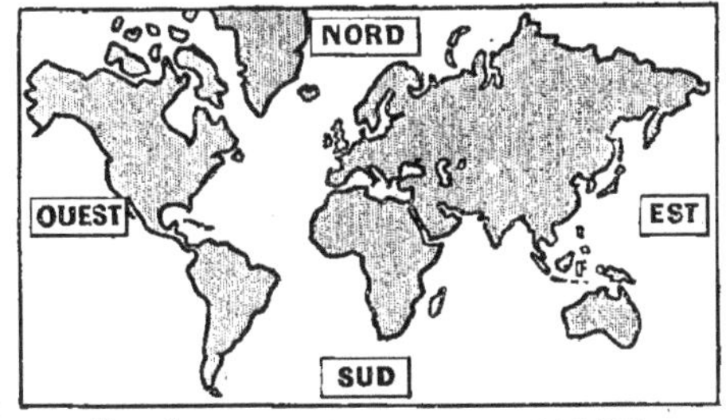

2. — LES QUATRE POINTS CARDINAUX SUR LES CARTES.

3. — ORIENTATION.

1. LES QUATRE POINTS CARDINAUX. — *Vous voyez ici le Soleil levant. En haut du clocher, une des pointes de la girouette indique la direction du Soleil levant : elle est marquée par la lettre E, ce qui signifie Est. La pointe qui indique l'Ouest (O) est à l'opposé de la pointe marquée E. Les deux pointes qui indiquent le Sud (S) et le Nord (N) sont entre les deux premières.*

2. LES QUATRE POINTS CARDINAUX SUR LES CARTES. — *Sur les cartes, le Nord est toujours en haut, et le Sud en bas. En regardant une carte, l'Est se trouve à droite et l'Ouest à gauche.*

3. ORIENTATION. — *S'orienter c'est chercher où sont le Nord, le Sud, l'Est et l'Ouest. Quand le Soleil brille, rien n'est plus facile. Si on est au matin, le Soleil est à l'Est : en mettant l'Est à sa droite, on a l'Ouest à sa gauche, le Nord devant soi, le Sud derrière soi. Si l'on est à midi, le Soleil est au Sud. En lui tournant le dos, on a le Nord devant soi, l'Est à sa droite, l'Ouest à sa gauche. Si l'on est près du soir, le Soleil est à l'Ouest : en mettant l'Ouest à sa gauche, on a l'Est à sa droite, le Nord devant soi, le Sud derrière soi.*

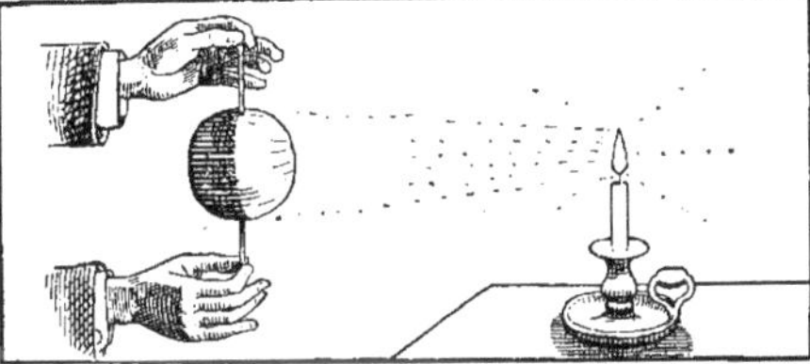

4. — MOUVEMENT DE LA TERRE SUR ELLE-MÊME.

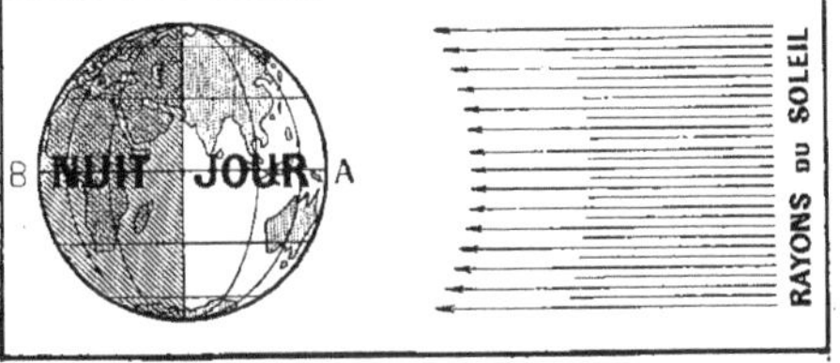

5. — LA TERRE EST ÉCLAIRÉE PAR LE SOLEIL.

4. MOUVEMENT DE LA TERRE SUR ELLE-MÊME. — *Comment vous représenter le mouvement de la Terre sur elle-même? Faites comme sur la figure 4. Ayez une bougie allumée sur une table : elle vous représentera la lumière du Soleil. Prenez une pelote que vous traverserez avec une aiguille à tricoter passant par le milieu : elle vous représentera la Terre; les deux points où perce l'aiguille seront les pôles. Présentez la pelote à la lumière de la bougie en tenant les deux pointes de l'aiguille, l'une en haut, l'autre en bas. La face de la pelote qui regarde la bougie est éclairée; l'autre face est dans l'ombre. Faites faire un demi-tour à la pelote autour de l'aiguille, comme la Terre tourne autour de ses pôles : la face qui était dans l'ombre sera éclairée, et la face qui était éclairée sera dans l'ombre. De même, la Terre en tournant sur elle-même a chacune de ses faces tantôt éclairée par le Soleil (c'est le jour), tantôt dans l'ombre (c'est la nuit).*

5. LA TERRE EST ÉCLAIRÉE PAR LE SOLEIL. — *La figure 5 représente la Terre dans la même situation par rapport au Soleil que notre pelote à l'égard de la bougie. La face A est éclairée par le Soleil : c'est le jour pour elle, et c'est la nuit pour la face B. Mais la Terre tourne complètement sur elle-même en 24 heures; quand elle aura fait un demi-tour, douze heures plus tard, ce sera le jour pour la face B et la nuit pour la face A.*

6. LES PÔLES, L'ÉQUATEUR ET LES DEUX HÉMISPHÈRES. — *Vous voyez sur ce globe les deux pôles : ce sont les deux points de la surface de la Terre où perce l'axe autour duquel notre globe tourne. L'Équateur est la ligne qui entoure notre globe à égale distance des deux pôles; elle divise le globe en deux moitiés ou hémisphères (ce dernier mot signifie demi-sphère ou moitié de globe).*

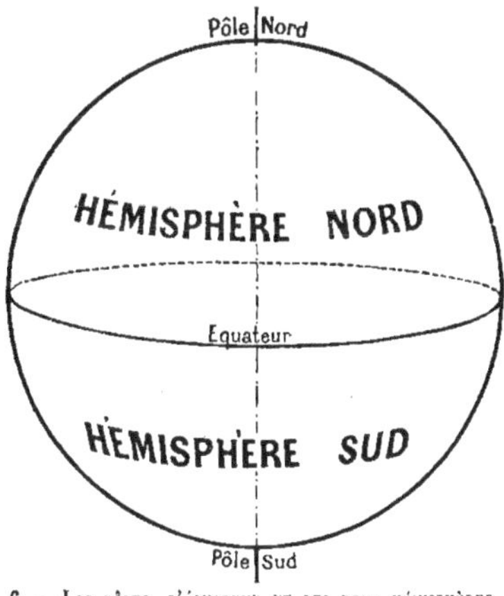

6. — LES PÔLES, L'ÉQUATEUR ET LES DEUX HÉMISPHÈRES.

4ᵉ Leçon.

11. Le Soleil semble changer de chaleur au cours de l'année. — L'année est divisée en douze mois : *janvier, février, mars, avril, mai, juin, juillet, août, septembre, octobre, novembre* et *décembre*.

Le soleil ne chauffe pas également la Terre pendant les douze mois de l'année.

Pendant trois mois (janvier, février, mars), le Soleil n'est pas haut dans le ciel à midi ; il chauffe peu ; les jours sont courts : c'est l'*hiver*.

Pendant les trois mois suivants (avril, mai, juin), le soleil est de plus en plus haut dans le ciel à midi ; il chauffe de plus en plus ; les jours augmentent : c'est le *printemps*.

Pendant les trois mois suivants (juillet, août, septembre), le Soleil est très haut dans le ciel à midi ; il chauffe beaucoup ; les jours sont longs : c'est l'*été*.

Pendant les trois derniers mois (octobre, novembre, décembre), le Soleil est de moins en moins haut dans le ciel à midi ; il chauffe de moins en moins ; les jours diminuent : c'est l'*automne*.

12. Les saisons. — On appelle saisons les quatre parties de l'année : le *printemps*, l'*été*, l'*automne* et l'*hiver*. Chacune dure trois mois.

13. En réalité, la chaleur du Soleil ne change pas. — Ainsi la chaleur du Soleil semble augmenter de l'hiver à l'été, puis diminuer de l'été à l'hiver.

Voilà comment les choses semblent être. Mais, dans la réalité, il n'en est pas ainsi : la chaleur du Soleil ne change pas, mais la Terre approche du Soleil tantôt une partie de sa surface, tantôt une autre.

14. La Terre tourne autour du Soleil. — La Terre tourne autour du Soleil en 365 jours, c'est-à-dire en une *année*.

En tournant autour du Soleil, la terre incline vers lui son hémisphère Nord pendant le printemps et l'été, et son hémisphère Sud pendant l'automne et l'hiver.

5ᵉ Leçon.

15. Explication des saisons. — Pendant les deux saisons où l'hémisphère Nord est incliné vers le Soleil, cet hémisphère reçoit plus de chaleur que pendant les deux autres saisons. Alors le Soleil paraît haut dans le ciel aux habitants de l'hémisphère Nord ; ses rayons sont très chauds ; les jours sont longs. C'est le printemps et l'été pour l'hémisphère Nord.

Pendant ce temps, c'est l'automne et l'hiver pour l'hémisphère Sud. Alors le Soleil paraît bas dans le ciel aux habitants de cet hémisphère, et ses rayons ne sont pas très chauds.

Quand on est au printemps dans l'hémisphère Nord, on est en automne dans l'hémisphère Sud. Quand on est en été dans l'hémisphère Nord, on est en hiver dans l'hémisphère Sud.

16. Les zones. — Ainsi la Terre approche du Soleil ses deux hémisphères l'un après l'autre.

Mais il y a une partie de la Terre qui est toujours également près du Soleil : c'est l'Equateur, qui est situé entre les deux hémisphères. Les régions voisines de l'Equateur portent le nom de *zone chaude* parce qu'il y fait chaud pendant toutes les saisons de l'année.

Il y a deux points sur la Terre qui sont toujours éloignés du Soleil même quand l'hémisphère auquel ils appartiennent est plus rapproché du Soleil : ce sont les deux pôles. Les régions voisines des deux pôles portent le nom de *zones glaciales* parce qu'il fait froid pendant toutes les saisons de l'année.

Entre la zone chaude et les deux zones glaciales, il y a deux *zones tempérées*. Dans ces zones, le printemps et l'été sont modérément chauds, l'automne et l'hiver sont modérément froids. Ce sont les zones de la Terre où l'on peut le mieux vivre.

Notre pays, la France, est situé dans la zone tempérée de l'hémisphère Nord.

Questions. — 11. En combien de mois l'année est-elle divisée ? Nommez les douze mois de l'année. Comment s'appelle la partie de l'année où le Soleil chauffe peu ? Comment s'appelle la partie de l'année où le Soleil chauffe de plus en plus ? Comment s'appelle la partie de l'année où le Soleil chauffe beaucoup ? Comment s'appelle la partie de l'année où le Soleil chauffe de moins en moins ? — 12. Qu'appelle-t-on saisons ? Nommez les quatre saisons. — 13. Est-ce que la chaleur du Soleil change au cours des saisons ? — 14. Autour de quoi tourne la Terre ? En combien de temps ? Quel mouvement fait la Terre en tournant autour du Soleil ?

RÉSUMÉ. — Les douze mois de l'année se divisent en quatre saisons, pendant lesquelles la chaleur ou le froid varient sur la Terre.

Les quatre saisons sont l'*été*, où il fait chaud ; l'*automne*, où la chaleur s'en va ; l'*hiver*, où il fait froid ; le *printemps*, où la chaleur revient.

Pourtant la chaleur du Soleil ne change pas, mais la Terre approche du Soleil tantôt une partie de sa surface, tantôt une autre.

La Terre tourne autour du Soleil en une *année*, qui dure 365 jours.

Questions. — 15. Pendant quelles saisons l'hémisphère Nord reçoit-il le plus de chaleur du Soleil ? Quand on est au printemps dans l'hémisphère Nord, en quelle saison est-on dans l'hémisphère Sud ? Même question quand on est en été dans l'hémisphère Nord. — 16. Pourquoi appelle-t-on zone chaude la région voisine de l'Equateur ? Pourquoi appelle-t-on zones glaciales les deux régions qui entourent les pôles ? Quelles sont les deux zones qui séparent la zone chaude des deux zones glaciales ?

En quelle saison est le mois de janvier dans l'hémisphère Sud ?

RÉSUMÉ. — La Terre, en tournant autour du Soleil, incline et rapproche du Soleil son hémisphère Nord pendant une saison, qui est l'été. Elle incline et rapproche du Soleil son hémisphère Sud pendant la saison opposée, qui est l'hiver. Ainsi l'été et l'hiver ne se produisent pas en même temps dans les deux hémisphères.

Il y a sur la Terre une *zone chaude* près de l'Equateur, deux *zones glaciales* autour des pôles, et deux *zones tempérées* comprises entre la zone chaude et les deux zones glaciales. La France est située dans la zone tempérée de l'hémisphère Nord.

1. Les saisons. L'hiver dans la forêt russe. — *En hiver, la neige couvre le sol. La neige durcie par la gelée est très glissante. On peut y circuler très vite au moyen de traîneaux, sorte de voitures sans roues, munies de longs patins, qui facilitent le glissement. Sauf les sapins, les arbres ont perdu leurs feuilles.*

2. Les saisons. L'été dans la forêt russe. — *Voilà une autre vue de la forêt russe, mais prise en été. La neige a disparu. On n'y voit plus de traîneaux mais des voitures à roues, qui roulent librement sur le sol sec. Tous les arbres sont couverts de feuilles.*

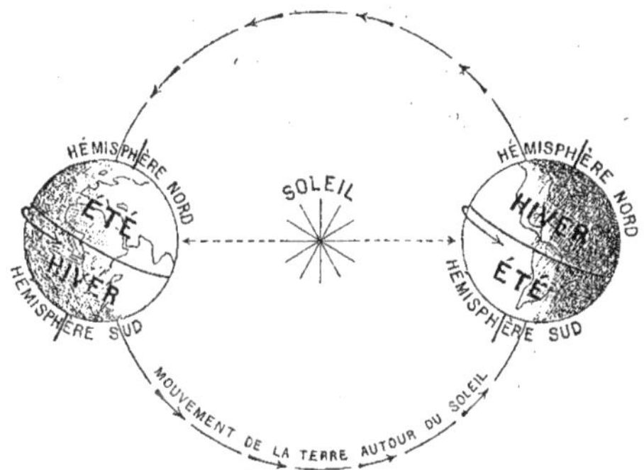

3. Mouvement de la Terre autour du Soleil : l'été et l'hiver. — *Sur ce dessin vous voyez indiqué le tour que la Terre décrit autour du Soleil en une année, c'est-à-dire en 365 jours. Dans la réalité, le Soleil est infiniment plus grand que la Terre. Ici, on a dessiné une Terre très grosse, pour que vous voyiez mieux les parties qui sont bien éclairées et bien chauffées en été, moins éclairées et moins chauffées en hiver.*

Vous voyez que la Terre n'est pas droite par rapport au Soleil : la ligne qui passe par ses deux pôles est inclinée. Ainsi, quand la Terre se trouve dans la position indiquée à gauche de la figure, le Pôle Nord est plus près du Soleil que le Pôle Sud. L'hémisphère Nord, qui entoure le Pôle Nord, est alors mieux exposé aux rayons du Soleil, il en reçoit plus de chaleur et plus de lumière : c'est alors l'été pour l'hémisphère Nord, et c'est l'hiver pour l'hémisphère Sud.

Six mois après (position à droite de la figure), le Pôle Sud est le plus près du Soleil. L'hémisphère Sud reçoit alors plus de chaleur et plus de lumière : c'est alors l'été pour l'hémisphère Sud, et c'est l'hiver pour l'hémisphère Nord.

La capitale de la Chine, Pékin, se trouve dans l'hémisphère Nord : est-ce que les petits Chinois ont l'été à la même époque que vous, ou à une autre époque? La capitale de l'Australie, Sydney, est située dans l'hémisphère Sud : est-ce que les petits Australiens ont l'été à la même époque que vous ou à une autre époque?

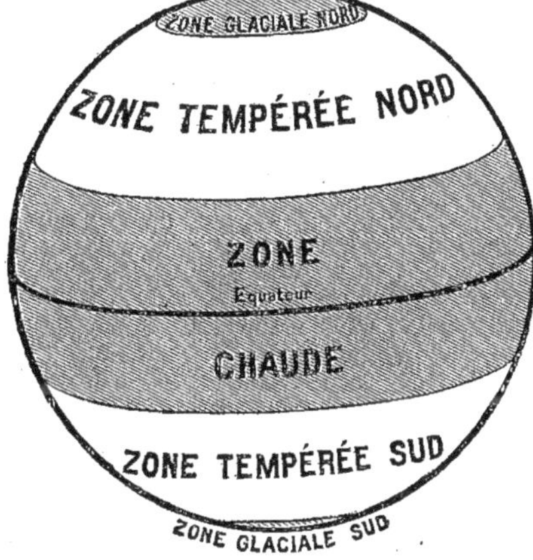

4. Les zones de la Terre. — *Vous avez pu voir sur la figure 3 que, en été comme en hiver, l'Équateur et la zone qui l'entoure sont assez bien exposés au Soleil. Ils reçoivent d'aplomb les rayons du Soleil, qui leur donnent beaucoup de chaleur : ces régions constituent la zone chaude.*

Vous avez pu voir sur le même dessin que les Pôles sont tantôt très éloignés, tantôt un peu moins éloignés du Soleil. Dans cette seconde position ils reçoivent du Soleil un peu plus de lumière; mais ils n'en reçoivent jamais beaucoup de chaleur, parce que les rayons du Soleil ne les frappent pas d'aplomb, comme à l'Équateur. Aussi les régions qui entourent les Pôles sont les zones glaciales.

Entre les zones glaciales et la zone chaude se trouvent les zones tempérées.

Ainsi la Terre comprend cinq zones : 1° la zone chaude, immédiatement au Nord et au Sud de l'Équateur; 2° et 3° les deux zones tempérées, l'une immédiatement au Nord de la zone chaude dans l'hémisphère Nord (c'est la zone tempérée Nord), l'autre immédiatement au Sud de la zone chaude dans l'hémisphère Sud (c'est la zone tempérée Sud); 4° et 5° les deux zones glaciales, l'une autour du Pôle Nord, l'autre autour du Pôle Sud.

6ᵉ Leçon.

17. Les terres et les mers. — La surface de notre globe est occupée en partie par des terres, en partie par des mers.

Les terres occupent le quart de cette surface; les mers occupent les trois autres quarts.

18. Les continents et les parties du monde. Les terres forment deux masses principales, que l'on appelle des *continents*. Les deux continents sont : l'*Ancien Continent* et le *Nouveau Continent*.

On a dit aussi qu'il y a cinq *parties du monde*. Quatre parties du monde appartiennent à l'Ancien Continent : ce sont l'*Europe*, l'*Asie*, l'*Afrique* et l'*Océanie*, dont la terre principale est l'*Australie*. Une autre partie du monde forme le Nouveau Continent : c'est l'*Amérique*.

19. La mer. Les océans. — La mer est une immense étendue d'eau salée. Elle entoure les continents et les sépare les uns des autres.

En certains endroits la mer est profonde de plusieurs milliers de mètres.

La mer forme cinq masses d'eau principales, que l'on appelle des *océans*. Les cinq océans sont : l'*Océan Glacial du Nord*, l'*Océan Glacial du Sud*, l'*Océan Atlantique*, l'*Océan Indien*, l'*Océan Pacifique* ou *Grand Océan*.

20. Les îles et les archipels. — Il y a au milieu de la mer de nombreuses terres qui sont beaucoup plus petites que les continents : on les appelle des *îles*.

Une île est entourée par l'eau de tous les côtés. Quand on est dans une île, on peut marcher dans n'importe quelle direction : on aboutit toujours à la mer.

Plusieurs îles voisines les unes des autres forment un groupe d'îles, que l'on appelle *archipel*.

7ᵉ Leçon.

21. Les côtes. — Les côtes sont les bords des continents ou des îles qui sont baignés par la mer.

Chaque jour, la mer monte et s'avance sur la côte; puis elle recule : ce mouvement s'appelle la *marée*. En avançant et puis en reculant, la mer couvre et découvre des rochers et des étendues de galets ou de sable qui bordent la côte. On appelle les rochers *écueils* ou *récifs*. On appelle *plages* les étendues de galets ou de sable.

22. Les caps et les presqu'îles. — Certaines parties des côtes avancent comme des pointes dans la mer : ces pointes s'appellent des *caps*.

Certaines parties avancées des côtes ne se rattachent au rivage que par une mince bande de terre. Elles sont *presque* entièrement entourées par la mer : aussi on les appelle des *presqu'îles*.

23. Les golfes, les baies et les rades. — Dans certaines parties de la côte, la mer s'avance et forme des creux : ces creux s'appellent des *golfes*.

Certains golfes sont petits, ouverts et peu profonds : on les appelle des *baies*. Certains autres golfes sont profonds et presque fermés à la mer par des caps : on les appelle des *rades*. Dans les rades la mer est tranquille; aussi les navires s'y mettent à l'abri.

24. Les détroits et les isthmes. — Certaines terres sont séparées entre elles par des bras de mer étroits : ces bras de mer s'appellent des *détroits*.

Exemple de détroit. — L'Europe est séparée de l'Afrique par le *détroit de Gibraltar*.

Certaines terres sont unies entre elles par des bandes de terre étroites; ces bandes de terre s'appellent des *isthmes*.

Exemple d'isthme. — L'Asie est unie à l'Afrique par l'*isthme de Suez*.

Questions. — 17. Quelle est la part de la surface du globe qu'occupent les terres? celle qu'occupent les mers? — 18. Nommez les deux continents. Nommez les cinq parties du monde. A quel continent appartient l'Europe? l'Asie? l'Afrique? l'Océanie? l'Amérique? — 19. Qu'est-ce que la mer? Qu'appelle-t-on océans? Nommez les cinq océans. — 20. Comment s'appellent les terres plus petites que les continents et situées au milieu de la mer? Qu'est-ce qu'un archipel?

RÉSUMÉ. — **La surface du globe est occupée par des terres et par des mers. Les mers occupent les trois quarts de la surface du globe.**

Les terres forment deux continents : l'*Ancien Continent* et le *Nouveau Continent*. **L'Ancien Continent comprend :** l'*Europe*, l'*Asie*, l'*Afrique* et l'*Océanie*; **le Nouveau Continent comprend** l'*Amérique*.

L'Europe, l'Asie, l'Afrique, l'Océanie et l'Amérique sont les cinq parties du monde.

Les mers forment cinq océans : l'*Océan Glacial du Nord*, l'*Océan Glacial du Sud* l'*Océan Atlantique*, l'*Océan Indien* et l'*Océan Pacifique* ou *Grand Océan*.

Les îles sont des terres entourées d'eau, comme les continents, mais plus petites qu'eux. Les archipels sont des groupes d'îles.

Questions. — 21. Qu'est-ce que les côtes? Comment s'appelle le mouvement par lequel la mer avance et recule deux fois par jour? Qu'appelle-t-on écueils ou récifs? Qu'appelle-t-on plages? — 22. Comment appelle-t-on les parties de la côte avançant dans la mer? Pourquoi les presqu'îles sont-elles appelées ainsi? — 23. Comment appelle-t-on les parties de la côte dans lesquelles la mer avance? Comment appelle-t-on les golfes petits, ouverts et peu profonds? les golfes profonds et presque fermés à la mer? — 24. Comment s'appelle un bras de mer séparant deux terres? Comment s'appelle une bande de terre séparant deux mers?

Trouvez deux détroits sur la carte 1 de la page 7. Quelles parties du monde séparent-ils? — Trouvez deux isthmes sur la carte 1 de la page 7. Quels océans séparent-ils?

RÉSUMÉ. — **La côte est le bord de la terre sur la mer.**

Un cap est une pointe de la côte dans la mer. Une presqu'île est une terre presque entourée d'eau par la mer.

Un golfe est un creux de la mer dans la côte. Une baie est un petit golfe, ouvert et peu profond. Une rade est un petit golfe, fermé et profond.

Un détroit est un bras de mer entre deux terres. Un isthme est une bande de terre entre deux mers.

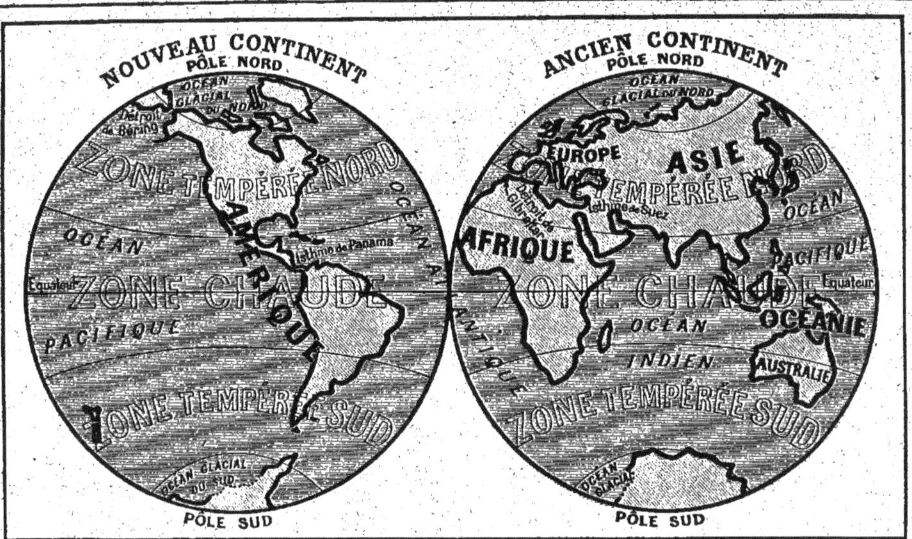

1. Les Terres et les Mers. — Cette carte nous montre les cinq grands océans et les cinq parties du monde, divisées en deux continents. Voyez d'abord combien les océans occupent plus de place que la Terre. Regardez ensuite l'hémisphère Nord et l'hémisphère Sud : vous constatez qu'il y a beaucoup plus de terres dans l'hémisphère Nord que dans l'hémisphère Sud.

2. Une île. — Cette île est l'île d'Héligoland, dans la mer du Nord, près de la côte allemande. Elle possède un petit port, avec une église dont vous voyez le clocher. Celui qui monte dans ce clocher voit la mer tout autour de lui.

3. Une côte. — Vous pouvez voir sur ce dessin les termes géographiques relatifs aux côtes. En regardant ce dessin, expliquez en quoi la presqu'île diffère de l'île, le cap du golfe, le détroit de l'isthme.

4. Une rade. — Cette rade est située en France, au bord d'une mer qui s'appelle la Méditerranée. Elle ne communique avec la mer que par un passage étroit. Il n'y a pas de vagues. Les barques y reposent immobiles, en toute sécurité.

5. La côte du Finistère. — Cette carte représente une côte réelle, la côte du Finistère située à l'extrémité de la Bretagne. Comptez les îles et les presqu'îles, les caps ou pointes, les baies ou rades, les détroits que vous y trouvez.

8ᵉ Leçon.

25. La surface de la Terre est accidentée. — La surface de la Terre n'est pas unie et plate. Elle est *accidentée*, c'est-à-dire qu'on y voit des plaines, des collines, des montagnes, des plateaux.

26. Les plaines. — Certaines parties de la surface de la terre sont peu accidentées : on les appelle des *plaines*. Quand on les parcourt, on monte peu, on descend peu. Les routes des plaines sont plates.

27. Les collines. — Certaines parties de la surface de la terre sont légèrement accidentées : on les appelle des *collines*. Leur partie la plus haute, ou *sommet*, est pointue. Pour y arriver, il faut monter.

On met plus de temps pour gravir le chemin d'une colline que pour parcourir un chemin aussi long dans une plaine.

On appelle *versants* les pentes des collines.

28. Les montagnes. — Certaines parties de la surface de la Terre sont fortement accidentées : on les appelle des *montagnes*. Le sommet d'une montagne est beaucoup plus élevé que celui d'une colline : il se trouve parfois à plusieurs milliers de mètres au-dessus du pays environnant. Les versants d'une montagne ont une pente très forte.

On met beaucoup plus de temps pour gravir les chemins des montagnes que pour gravir ceux des collines. Dans les montagnes dont la pente est trop forte, les chemins font des lacets au lieu de monter tout droit. Ainsi ils sont moins raides, mais ils sont plus longs ; on se fatigue moins à les gravir, mais on met plus de temps.

Plus on monte dans une montagne, plus il fait froid. Les sommets de certaines montagnes sont si hauts et si froids que la neige n'y fond jamais et que l'eau y est toujours gelée : elle forme de grandes étendues de glace qu'on appelle *glaciers*.

9ᵉ Leçon.

29. Les chaînes, les massifs, les cols. — Il y a des pays où les montagnes sont alignées et unies entre elles comme les anneaux d'une chaîne : ces montagnes forment ce qu'on appelle une *chaîne de montagnes*.

Il y a des pays où les montagnes sont serrées les unes contre les autres comme les arbres d'un même massif dans une forêt : ces montagnes forment ce qu'on appelle un *massif de montagnes*.

On appelle *cols* les parties les plus basses qui séparent deux sommets dans une chaîne de montagnes ou dans un massif de montagnes. On passe par les cols pour franchir la chaîne ou le massif.

30. Les volcans. — Certaines montagnes vomissent de temps en temps par leur sommet des fumées et des matières liquides et brûlantes, appelées *laves*. Ces montagnes sont des *volcans*.

L'ouverture du sommet par laquelle sortent les fumées et les laves s'appelle le *cratère*.

Les fumées et les laves qui sortent des volcans viennent de l'intérieur de la terre.

31. Les plateaux. — Certaines parties de la surface de la Terre sont élevées comme des collines ou des montagnes ; mais leur partie supérieure est plate comme une plaine : on les appelle *plateaux*.

Pour arriver à la partie supérieure d'un plateau, il faut monter avec lenteur. Mais quand on est arrivé à cette partie supérieure, on marche aussi aisément que sur une plaine.

32. Les vallées. — Les plaines et les plateaux, les collines et les montagnes sont sillonnés par des creux, plus ou moins larges, que l'on appelle des *vallées*.

Au fond de beaucoup de vallées il y a des cours d'eau, qui descendent des collines ou des montagnes et qui traversent les plateaux et les plaines.

Questions. — 25. Quand on dit que la surface de la Terre est accidentée, qu'est-ce que cela signifie ? — 26. Comment s'appellent les parties plates de la surface de la Terre ? — 27. Comment s'appellent les parties de la surface de la Terre légèrement accidentées ? Comment s'appellent les pentes d'une colline ? — 28. Qu'appelle-t-on montagnes ? Comment s'appellent les grandes étendues de glaces qui sont au sommet de certaines montagnes ?

Pourquoi peut-on aller plus vite sur les routes des plaines que sur les routes des collines ou sur celles des montagnes ? — Quelles ressemblances et quelles différences y a-t-il entre une colline et une montagne ? — Où fait-il le plus froid, où fait-il le moins froid sur une montagne ?

RÉSUMÉ. — La surface de la Terre est accidentée, c'est-à-dire qu'on y voit des plaines, des collines, des montagnes, des plateaux.

Une *plaine* est une grande étendue de terre presque plate.

Une *colline* est une petite élévation de la surface de la Terre.

Une *montagne* est une masse très élevée de terre et de rochers. Plus on s'élève sur une montagne, plus il fait froid. Les *glaciers* sont de grandes étendues de glace au sommet de certaines montagnes.

Questions. — 29. Comment appelle-t-on les montagnes alignées comme les anneaux d'une chaîne ? les montagnes serrées comme les arbres d'un massif forestier ? Comment s'appellent les parties basses d'une montagne qui se trouvent entre deux sommets ? — 30. Qu'est-ce que les volcans ? Qu'est-ce que les laves ? Comment s'appelle l'ouverture du sommet d'un volcan ? — 31. Qu'appelle-t-on plateaux ? — 32. Qu'appelle-t-on vallées ?

A quoi servent les cols des montagnes ? En quoi un plateau ressemble-t-il à une plaine ? En quoi ressemble-t-il à une montagne ? Quelle différence y a-t-il entre un plateau et une plaine ?

RÉSUMÉ. — Les montagnes sont alignées en *chaînes* ou groupées en *massifs*. Un *col* est une portion basse de la montagne entre deux hauts sommets.

Un *volcan* est une montagne d'où coule une matière brûlante appelée *lave*. L'ouverture d'un volcan s'appelle un *cratère*.

Un *plateau* est une plaine élevée au-dessus des régions environnantes.

Une *vallée* est un creux du sol, beaucoup plus long que large. Au fond des vallées il y a souvent des cours d'eau.

1. Une plaine : la Champagne. — La Champagne est située en France, à l'est de Paris. La Champagne est une plaine : elle est plate. Les moutons et le berger qui y marchent n'ont ni à monter, ni à descendre.

2. Une colline en Flandre. — La Flandre est aussi une plaine, située dans le nord de la France. On y trouve des collines. Vous en voyez une dans le fond. Pour arriver à son sommet, où il y a un moulin, il faut monter.

3. Une montagne : le Puy-de-Dôme. — Le Puy-de-Dôme est une montagne située au centre de la France. Il a 1465 m. de haut. Pour arriver à son sommet, les chemins sont plus rudes et plus longs à gravir que ceux de la colline.

4. Une très haute montagne : le Mont Blanc. — Le Mont Blanc est en France, dans les Alpes; c'est la plus haute montagne de toute la France et même de toute l'Europe; il a 4807 mètres de haut.

5. Un plateau des Causses. — Ce plateau est situé dans le centre de la France. Les pentes sont raides comme celles du Puy-de-Dôme, mais la surface est plate comme la Champagne.

6. Un volcan : le mont Pelé. — Le mont Pelé est un volcan situé dans une colonie française, la Martinique. Un volcan est une montagne qui vomit des laves brûlantes.

7. — Une vallée dans les Alpes.

7. Une vallée dans les Alpes. — Les Alpes sont des montagnes dans le Sud-Est de la France. Des vallées traversent ces montagnes. Les maisons, bâties au bas des pentes, sont abritées du vent.

8. Un col dans les Pyrénées : le Somport. — Les Pyrénées sont des montagnes dans le sud de la France. Dans les cols qui séparent les montagnes on a construit des routes.

8. Un col dans les Pyrénées : le Somport.
(Ph. Monmarché.)

10ᵉ Leçon.

33 Que devient l'eau de pluie qui tombe ? — Quand il pleut dans la cour de l'école, l'eau de pluie ne reste pas où elle est tombée.

1° Une partie de cette eau est bue par le sol et y disparaît.

2° Une partie se loge dans les creux où elle demeure immobile, sous forme de *flaques*.

3° Une partie coule dans les caniveaux, sous forme de *ruisseaux*.

Ce qui se passe en petit dans la cour de l'école se passe en grand sur la Terre.

1° Une partie des eaux de pluie est absorbée par le sol et y disparaît.

2° Une partie se loge dans les creux de la terre, sous forme de grandes flaques, plus ou moins profondes : ce sont les *marais*, les *étangs* et les *lacs*.

3° Une partie coule dans les vallées : ce sont les *cours d'eau*.

34. Les lacs, les étangs, les marais. — Les lacs, les étangs et les marais sont des étendues d'eau immobile : les bateaux n'y peuvent marcher qu'à la rame, à la voile ou à la vapeur.

Certains lacs sont très étendus. Un étang est beaucoup plus petit qu'un lac. Un marais est moins profond qu'un étang.

35. Les cours d'eau. — Les cours d'eau sont des masses d'eau qui coule : les bateaux y peuvent marcher sans le secours de rame, de voile ou de vapeur. Mais alors ils suivent toujours la même direction, c'est-à-dire la direction dans laquelle l'eau coule.

Un cours d'eau commence dans une partie de la Terre d'où lui vient l'eau qu'il entraîne : c'est ce qu'on appelle la *source* du cours d'eau.

Un cours d'eau se termine soit dans un autre cours d'eau, soit dans un lac, soit dans la mer. S'il se termine dans un autre cours d'eau, c'est une *rivière*. S'il se termine dans un lac ou dans la mer, c'est un *fleuve*. La fin du cours d'eau s'appelle l'*embouchure*.

11ᵉ Leçon.

36. Le cours d'un fleuve. — Supposons un bateau qui descend le courant depuis la source d'un fleuve jusqu'à son embouchure. De chaque côté nous voyons des terres inclinées vers le fleuve : ce sont les *versants* de la vallée où il coule.

Les bords de ces versants baignés par les eaux du fleuve s'appellent les *rives*. Pendant que notre bateau descend le courant, nous avons à notre droite la *rive droite*, et à notre gauche la *rive gauche*.

Le fleuve coule dans le fond de la vallée : le fond de la vallée s'appelle le *lit* du fleuve.

37. L'amont et l'aval. — En descendant le cours d'un fleuve, nous laissons derrière nous une partie du fleuve. La partie du fleuve qui est ainsi derrière nous est dite *en amont* de nous. Celle qui est encore devant nous est dite *en aval* de nous. Si nous passons sous un pont, la partie du fleuve que nous avons parcourue avant d'atteindre le pont est située *en amont* du pont ; la partie du fleuve qui nous reste à parcourir est située *en aval* du pont.

En certains points notre bateau va vite : c'est que l'eau du fleuve y coule vite, parce que son lit a une pente forte. Ailleurs notre bateau se ralentit : c'est que l'eau du fleuve coule plus lentement, parce que son lit a une pente faible. Un fleuve est rapide quand la pente de son lit est forte.

38. Affluents et confluents. Estuaires et deltas. — En descendant le cours d'un fleuve, nous rencontrons des rivières dont les eaux se jettent dans le fleuve : on les appelle des *affluents*. Le point où l'affluent se jette dans le fleuve s'appelle un *confluent*.

Enfin nous arrivons à la mer. Le fleuve y jette ses eaux par une embouchure large et profonde, qui s'appelle un *estuaire*.

D'autres fleuves se terminent par un grand nombre d'embouchures plus étroites et moins profondes : on appelle *delta* les terres basses entourées par ces différentes embouchures.

Questions. — 33. Que devient l'eau de pluie qui tombe sur la Terre ? — 34. Qu'est-ce qu'un lac, un étang et un marais ? Quelle différence y a-t-il entre un lac et un étang ? entre un étang et un marais ? — 35. Qu'est-ce qu'un cours d'eau ? Comment s'appelle l'endroit où un cours d'eau commence ? Comment s'appelle l'endroit où il finit ? Où se termine un cours d'eau ?

RÉSUMÉ. — Une partie des eaux de pluie séjourne sur le sol ; une autre partie coule dans les vallées.

La partie des eaux qui séjourne sur le sol forme des lacs, des étangs et des marais. Les lacs, les étangs et les marais sont des étendues d'eau immobile.

La partie des eaux qui s'écoule forme des cours d'eau, fleuves ou rivières. Un fleuve se termine dans un lac ou dans la mer ; une rivière se termine dans un autre cours d'eau.

La *source* d'un cours d'eau est l'endroit où il commence ; l'*embouchure* est l'endroit où il finit.

Questions. — 36. Comment s'appellent les bords d'un fleuve ? Comment s'appelle le fond de la vallée où coule le fleuve ? — 37. Quand vous descendez le cours d'un fleuve, où est l'amont par rapport à vous ? où est l'aval ? — 38. Comment s'appelle une rivière dont les eaux se jettent dans celles d'un fleuve ? Comment s'appelle le point où l'affluent se jette dans le fleuve ? Qu'appelle-t-on estuaire ? delta ?

Si vous remontez en bateau un fleuve en sens inverse du courant, où est sa rive droite ? où est sa rive gauche ?

RÉSUMÉ. — Les rives d'un fleuve sont les bords de ce fleuve ; la rive droite est celle que l'on a à sa droite quand on descend le courant ; la rive gauche est celle que l'on a à sa gauche.

Par rapport à un point du fleuve, l'*amont* est la partie du fleuve située du côté de la source, l'*aval* est la partie du fleuve située du côté de l'embouchure.

Un *affluent* est un cours d'eau qui se jette dans un autre ; le *confluent* est le point où deux cours d'eau se rencontrent. Il y a deux espèces d'embouchures : les *estuaires* et les *deltas*.

1. Un lac. — *Un lac est une étendue d'eau immobile. Dans un fleuve ou une rivière, l'eau coule : dans un lac, l'eau ne se déplace pas. Le lac que vous voyez ici n'est pas très grand. Mais il y a des lacs très grands. En Amérique, les Grands Lacs sont plus étendus que la moitié de la France.*

2. Un marais. — *Un marais est une étendue d'eau immobile comme un lac, mais beaucoup moins profonde. Aussi des plantes y poussent; leurs racines sont enfoncées dans la terre qui forme le fond du lac. Elles gênent les bateaux. Il est plus difficile de naviguer sur un marais que sur un lac.*

3. Un fleuve. — *Voici un fleuve, coulant dans une vallée. Les flèches indiquent le sens dans lequel l'eau coule.*

Si vous descendiez ce fleuve en bateau au fil de l'eau, dans le sens des flèches, vous auriez à votre droite la rive droite du fleuve, et vous auriez à votre gauche la rive gauche du fleuve. Avant que votre bateau ne passe sous l'une des arches du pont, il se trouvera en amont du pont; les points qui sont en amont du pont sont ceux que

l'on rencontre en descendant le cours du fleuve avant d'arriver au pont. Après que votre bateau aura franchi ces arches, il se trouvera en aval du pont : les points qui sont en aval du pont sont ceux que l'on rencontre en descendant le cours du fleuve après avoir passé sous le pont. Le village de la rive droite est-il en amont ou en aval du pont? Les deux plus grands arbres de la rive gauche (ce sont des peupliers) sont-ils en amont ou en aval du pont?

4 La source d'une rivière. — *L'eau qui jaillit ainsi du sol forme une rivière. C'est une source. Un très grand fleuve comme la Loire à Orléans, que vous voyez en bas de cette page (fig. 6 et 7), commence par une source. Pensez-vous que toute l'eau que la Loire roule à Orléans vient de cette source?*

5. Un confluent. — *Le confluent que vous voyez ici est celui d'un grand fleuve français, le Rhône (il est à votre gauche quand vous regardez la gravure), et de son affluent, la Saône (elle est à droite). La ville située près de ce confluent s'appelle Lyon.* (Phot. Léo et Antonin Boulade.)

6 et 7. La Loire a Orléans. — *La Loire est un grand fleuve français. La ville d'Orléans est bâtie sur le bord de la Loire. Un fleuve ne roule pas toujours autant d'eau. Quand il n'a pas plu pendant longtemps, le fleuve roule peu d'eau et son niveau baisse : c'est ce que montre la vue 6 : l'eau est si peu abondante que le sable du fond apparaît. Au contraire, après les pluies, le fleuve roule beaucoup d'eau : c'est ce que montre la vue 7; le niveau de l'eau monte jusqu'au quai de la ville.*

12ᵉ Leçon.

39. Chaque zone de la Terre a ses plantes et ses animaux. — Toutes les plantes ne peuvent pas vivre sous le même climat.

Certaines plantes poussent dans les pays où il fait chaud et où il pleut beaucoup ; d'autres poussent dans les pays froids ; d'autres poussent dans les pays secs.

Enfin, il y a des plantes qui ne peuvent supporter ni trop de chaleur, ni trop de froid, ni trop de pluie, ni trop de sécheresse : elles poussent seulement dans les pays où le climat est tempéré.

Ce qu'on vient de dire des plantes, on peut le dire des animaux.

Chaque zone de la Terre a donc ses plantes et ses animaux, qui ne peuvent vivre dans une autre zone.

40. Plantes et animaux de la zone chaude. — Dans la zone chaude, il pleut beaucoup : aussi les plantes sont très nombreuses et très vigoureuses.

Les *forêts* de la zone chaude sont formées par des arbres gigantesques, plus hauts que des maisons à six étages. Ces arbres sont serrés les uns contre les autres et unis entre eux par des lianes. Le Soleil passe difficilement au travers ; il est difficile de s'y frayer un chemin. On appelle ces forêts des *forêts vierges*.

Les *prairies* de la zone chaude sont formées par des herbes plus hautes qu'un homme. On appelle ces prairies des *savanes*.

Dans les forêts vierges on peut recueillir la *noix de coco*, où fruit du cocotier, et le *caoutchouc*, qui est une gomme produite par certains arbres et par certaines lianes. Dans les savanes, on peut brûler les herbes et cultiver à leur place le *riz*, le *café* et le *thé*, la *canne à sucre*, le *coton*.

Dans les forêts vierges vivent surtout des insectes et des serpents nuisibles. Mais dans les savanes vit un animal utile, l'*éléphant* dont les défenses sont en *ivoire*.

13ᵉ Leçon.

41. Plantes et animaux des zones tempérées sèches. — Dans la partie des zones tempérées voisine de la zone chaude, il ne pleut presque jamais. Aussi le sol est nu : c'est un *désert*.

On ne trouve des arbres qu'autour des puits. Ces arbres sont des *palmiers*, qui donnent un fruit nourrissant : la *datte*. Les endroits où des palmiers poussent autour des puits dans le désert s'appellent des *oasis*.

Le désert possède un animal utile : le *chameau* ou *dromadaire*, qui est sobre et dur à la fatigue.

42. Plantes et animaux des zones tempérées humides. — Dans la partie des zones tempérées éloignée de la zone chaude, il pleut modérément : aussi les plantes sont plus nombreuses que dans le désert, mais moins vigoureuses que dans la zone chaude.

Les *forêts* ont des arbres moins hauts et moins serrés que ceux des forêts vierges : on s'y fraye facilement un chemin.

Les *prairies* ont une herbe moins haute que celle des savanes. On peut l'arracher facilement et cultiver à la place le *blé*, le *seigle*, l'*avoine* et l'*orge*, la *vigne*, le *houblon*, la *betterave à sucre*, le *lin*.

Les zones tempérées humides possèdent de nombreux animaux utiles. Les principaux sont : le *cheval*, le *bœuf* et le *mouton*.

43. Plantes et animaux des zones glaciales. — Dans les zones glaciales, il ne fait jamais chaud. En hiver, la mer est gelée, la terre est couverte de neige. En été, la mer se dégèle, mais la terre reste gelée. On ne peut la cultiver. Il n'y pousse qu'un peu d'herbe.

Les zones glaciales possèdent un animal utile : le *renne*, qui sert à tirer les traîneaux et fournit une chaude fourrure. Dans la mer vit le *phoque*, dont le cuir est solide et dont la graisse peut être employée comme aliment et comme combustible.

Questions. — 39. Toutes les plantes et tous les animaux peuvent-ils vivre sous le même climat ? — 40. Comment appelle-t-on les forêts de la zone chaude ? ses prairies ? Nommez des produits utiles de la zone chaude. Nommez un animal utile de la zone chaude.

L'arbre à caoutchouc a besoin de beaucoup de chaleur et de beaucoup d'eau. Peut-il pousser dans la zone tempérée ? La vigne a besoin d'une forte chaleur en été. Peut-elle pousser dans la zone glaciale ? Le bœuf a besoin de beaucoup d'herbe. Peut-il vivre dans les pays secs ?
Si vous avez vu une forêt en France, dites si les arbres y sont plus ou moins grands que ceux d'une forêt de la zone chaude. Si vous avez vu une prairie en France, dites si ses herbes sont plus ou moins hautes que celles d'une prairie de la zone chaude.

RÉSUMÉ. — Chaque zone de la Terre a ses plantes et ses animaux, qui ne peuvent vivre dans une autre zone.
Dans la zone chaude, il y a des forêts vierges, dont les arbres sont énormes et nombreux, et il y a des prairies ou savanes, dont les herbes sont très hautes. On y recueille le caoutchouc, le riz, le café, le thé, la canne à sucre et le coton. L'éléphant est l'animal utile de la zone chaude.

Questions. — 41. Comment appelle-t-on le sol nu des zones tempérées sèches ? Quels sont les arbres des oasis ? Quel est l'animal utile du désert ? — 42. Quelle différence y a-t-il entre les forêts des zones tempérées et les forêts vierges ? Nommez des cultures et des animaux utiles des zones tempérées. — 43. Peut-on cultiver les zones glaciales ? Quels sont leurs animaux ?

A quoi servent les plantes et les animaux de la zone tempérée que vous connaissez ? A quoi servent les animaux utiles ? A quoi servent le renne et le phoque ?
D'après la carte de la page 13, répondez aux questions suivantes :
1º Dans quelles parties du monde y a-t-il des déserts ? 2º Quelle est la partie du monde presque entièrement située dans la zone tempérée ? 3º Quelle est celle qui a le plus de terres dans la zone chaude ?

RÉSUMÉ. — Les déserts n'ont pas d'arbres, excepté dans les oasis. Ils ont un animal utile : le chameau ou dromadaire.
La zone tempérée humide est la plus riche en produits utiles, comme le blé, la vigne, la betterave, et la plus riche en animaux utiles, comme le cheval, le bœuf, le mouton.
La zone glaciale n'a presque pas de végétation. Elle a deux animaux utiles : le renne et le phoque.

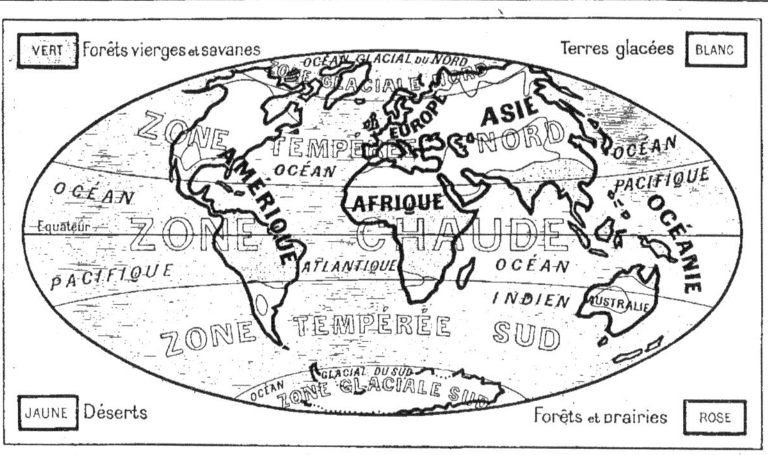

1. Les zones de végétation de la Terre. — Les zones de végétation correspondent aux zones de climat. Les forêts vierges, formées de grands arbres, et les savanes, formées de hautes herbes, sont situées dans la zone chaude. Les terres glacées, sans arbres et presque sans herbes, se trouvent dans les zones glaciales. Les zones tempérées sont divisées en deux parties : déserts, près de la zone chaude ; forêts aux arbres de taille moyenne et prairies à l'herbe courte, loin de la zone chaude.

2. La forêt vierge du Bas-Amazone. — On ne trouve de forêts vierges que dans la zone chaude. Les arbres y sont hauts comme des maisons à cinq étages et épais comme de grosses tours. Et les moindres plantes y sont énormes. Vous avez peut-être vu chez vous des fougères : elles arrivent à peine aux genoux d'un homme. Ici, les fougères sont deux et trois fois plus hautes qu'un homme.

3. Le désert. — S'il y a tant de plantes dans la forêt vierge, ce n'est pas seulement parce qu'il y fait très chaud, c'est aussi parce qu'il y pleut beaucoup. Voici, au contraire, un désert. Ici, le climat est aussi chaud que dans le pays de la forêt vierge ; mais il n'y pleut jamais. Aussi pas de plantes, pas d'eau. La caravane qui traverse le désert doit emporter avec elle de l'eau et des aliments pour les hommes et les dromadaires.

4. La campagne en Normandie : le pays de Dives. — La Normandie est une province de France, à l'Ouest de Paris. Voilà une campagne de la zone tempérée humide. Comparez-la avec les deux vues précédentes. La végétation n'y manque pas, comme dans le désert. Mais elle n'est pas non plus surabondante, comme dans la forêt vierge. Supposez que vous soyez cultivateur. Où pensez-vous qu'il vous serait le plus facile de cultiver le sol et de faire la moisson : dans la forêt vierge de la zone chaude? dans le désert de la zone tempérée sèche? ou en Normandie, dans la zone tempérée humide?

5. La mer gelée. — Dans la zone glaciale, il fait si froid en hiver que la surface de la mer elle-même est gelée. On peut y marcher comme sur la terre. Ici vous voyez la mer au printemps, quand la glace commence à fondre et à craquer ; elle forme alors de grandes nappes de glace, ou banquises, qui se mettent à flotter et à se déplacer peu à peu, entraînées vers le Sud par les courants marins. Comme la mer est de plus en plus chaude vers le Sud, la banquise fond peu à peu, se disloque, et forme des blocs de glace qui peuvent couler les navires qu'ils heurtent dans la nuit.

14ᵉ Leçon.

44. Tous les habitants de la Terre ne se ressemblent pas. — Il y a sur la Terre un milliard six cents millions d'habitants.

Les habitants de la Terre n'ont pas tous la même couleur de peau, les mêmes cheveux, la même stature, la même figure; tous ils ne parlent pas la même langue.

Ceux qui ont la même couleur forment une même *race*.

45. Les races. — Il y a quatre races d'hommes :

1° La *race blanche*. — La race blanche peuple presque toute l'Europe, une partie de l'Afrique et de l'Asie, la plus grande partie de l'Amérique.

2° La *race jaune*. — La race jaune est la plus nombreuse. Elle peuple une grande partie de l'Asie et de l'Océanie.

3° La *race noire*. — La race noire peuple la zone chaude, en Afrique, en Amérique, et en Océanie.

4° La *race rouge*. — La race rouge est la moins nombreuse. Elle est disséminée en Amérique.

46. Tous les habitants de la Terre ne vivent pas de la même façon. — Comme les habitants de la Terre ne vivent pas tous sous le même climat, ils ne peuvent pas tous récolter les mêmes produits, se nourrir et s'habiller de la même façon. Ils vivent donc d'une façon particulière dans chaque zone de la Terre.

47. La vie dans la zone chaude. — Dans la zone chaude, les hommes sont peu vêtus. Accablés par la chaleur, ils travaillent peu.

Comme les arbres et les lianes encombrent le sol, les habitants de la zone chaude ont beaucoup de mal à le mettre en culture : ils vivent surtout de la chasse et de la pêche. Leurs maisons sont faites avec des branchages et des herbes.

Comme la zone chaude possède peu d'animaux capables de tirer les voitures, ses habitants doivent porter sur leur tête ou sur leurs épaules tout ce qu'ils possèdent, quand ils se déplacent.

15ᵉ Leçon.

48. La vie dans la zone tempérée sèche. — Dans les déserts, les habitants sont peu nombreux, parce qu'ils ne trouvent à se nourrir que dans les oasis.

Ils ne peuvent s'installer dans le désert proprement dit, où il n'y a rien à boire ni à manger. Ils vont d'oasis en oasis, faisant le commerce des objets transportés par les chameaux. Ce sont des *nomades*, ce qui veut dire « hommes errants ».

Les nomades vivent sous des *tentes*, espèces de petites maisons de toile, qu'ils dressent quand ils font halte, et qu'ils plient quand ils doivent partir.

49. La vie dans la zone tempérée humide. — Dans la zone tempérée humide, les habitants ont besoin de se vêtir chaudement en hiver : ils ont pour se vêtir le lin et le chanvre, la laine des moutons, le coton, la soie, dont on tisse des étoffes; ils ont aussi le cuir et la fourrure de nombreux animaux.

Les habitants de la zone tempérée humide ne souffrent ni d'un excès de chaleur, ni d'un excès de froid : c'est pourquoi ils peuvent beaucoup travailler.

Le sol est facile à déblayer pour la culture : les habitants cultivent les céréales, la vigne, beaucoup d'autres produits. Grâce aux pluies assez fréquentes, les prairies y sont belles : les habitants y élèvent le cheval, le bœuf, le mouton, le porc, la chèvre.

Dans cette zone, les maisons sont en bois et en fer, en pierres et en briques.

50. La vie dans la zone glaciale. — Les habitants de la zone glaciale ont de chauds vêtements de fourrures et de cuir.

Engourdis par le froid, ils travaillent peu; pendant la nuit d'hiver, ils ne sortent pas de leurs demeures.

Ces demeures sont des huttes de neige pendant l'hiver, des tentes en peau de phoque pendant l'été.

Les habitants de la zone glaciale n'ont que la graisse de phoque pour alimenter leur feu. Ils vivent de la chasse du phoque; ils élèvent des rennes.

Questions. — 44. Combien y a-t-il d'habitants sur la Terre? — 45. Nommez les quatre races d'hommes. — 46. Pourquoi tous les habitants de la Terre vivent-ils d'une façon particulière dans chaque zone de la Terre? — 47. Les habitants de la zone chaude sont-ils beaucoup ou peu vêtus? Travaillent-ils beaucoup ou peu? De quoi vivent-ils surtout? Comment transportent-ils les objets?

D'après la carte de la page 15, répondez aux questions suivantes : Quelle est la partie du monde où la race jaune vit surtout? Quelle est la partie du monde où la race noire vit surtout?

RÉSUMÉ. — La Terre a un milliard six cents millions d'habitants.

Il y a quatre races d'hommes : la race blanche, la race jaune, la race noire, la race rouge.

Tous les habitants de la Terre ne vivent pas de la même façon.

Dans la zone chaude, la chaleur empêche les hommes de travailler; la forêt les empêche de cultiver; le manque d'animaux domestiques rend les transports difficiles.

Questions. — 48. Pourquoi les habitants sont-ils peu nombreux dans les déserts? Que veut dire le mot « nomade »? Que font les nomades dans les déserts? Dans quelle espèce de maisons vivent les nomades des déserts? — 49. Qu'est-ce que les habitants de la zone tempérée humide ont pour se vêtir? Peuvent-ils ou ne peuvent-ils pas beaucoup travailler? Pourquoi? Quelles plantes cultivent-ils? Quels animaux utiles élèvent-ils? En quoi sont faites les maisons dans cette zone? — 50. Comment se vêtent les habitants de la zone glaciale? Travaillent-ils beaucoup ou peu? Pourquoi? Dans quelle espèce de demeures vivent-ils? Avec quoi alimentent-ils leur feu?

RÉSUMÉ. — Les rares habitants des déserts sont des *nomades*. Ils vivent sous des tentes.

Les habitants de la zone tempérée humide ont de quoi bien se vêtir et bien manger. Ils travaillent beaucoup. Ils habitent des maisons.

Les rares habitants de la zone glaciale travaillent peu. Ils restent pendant l'hiver dans des huttes de neige, où ils se chauffent et s'éclairent avec l'huile de phoque.

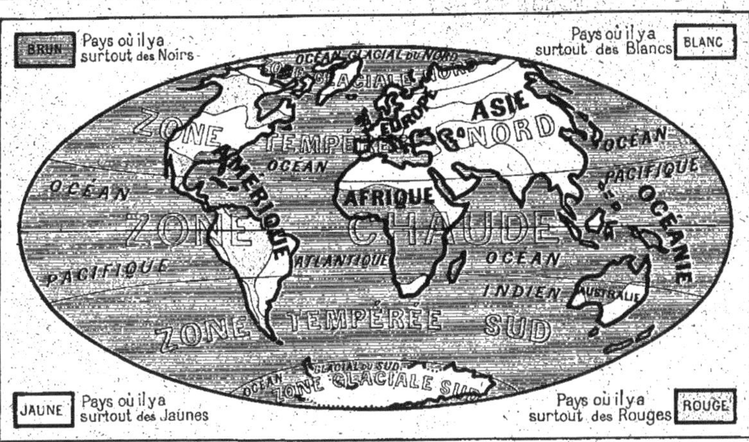

1. Les races sur le globe. — Cette carte nous montre dans quels pays on trouve les quatre grandes races. Mais faites attention : si certaines races s'étendent sur de vastes pays, cela ne signifie pas forcément qu'elles sont très nombreuses. Par exemple, les pays occupés par la race rouge sont étendus; mais il y a peu d'hommes de race rouge, parce que ces pays sont peu peuplés.

Remarquez que les Blancs se trouvent surtout dans les zones tempérées de la Terre.

2. Un blanc : *un Français (Europe)*. — **3.** Un jaune : *un Chinois (Asie)*. — **4.** Un noir : *un Nègre du Soudan (Afrique)*. — **5.** Un rouge : *un Indien Sioux (Amérique)*.

6. Une maison d'herbes dans la zone chaude (iles Fidji). — *Nous savons que dans cette zone de la Terre, où l'on trouve la forêt vierge et la savane (voyez les fig. 1 et 2 de la page 13), les plantes sont très nombreuses et très vigoureuses. On construit des maisons entières avec des branchages et des herbes.*

7. Une tente de nomades près d'une oasis du Sahara. — *Certains habitants du désert le parcourent comme les colporteurs traversent nos campagnes, et ils font le commerce entre les oasis. Les oasis sont les endroits du désert où il y a de l'eau et où poussent les palmiers qui donnent des dattes. Les nomades y dressent des maisons en étoffe appelées tentes.*

8. Hutte de neige chez les Esquimaux. — *Les Esquimaux habitent la zone glaciale de l'Amérique. En hiver, ils se bâtissent des huttes en neige. Il fait très chaud à l'intérieur de ces huttes : on s'y chauffe en faisant brûler l'huile des phoques tués pendant l'été. Les Esquimaux sont chaudement vêtus : leurs habits sont faits avec la peau des phoques.*

OBJET DE LA GÉOGRAPHIE
REPRÉSENTATION DE LA TERRE

Fig. 1.
GLOBE TERRESTRE.

1re Leçon. — *Phrases à compléter.* — 1. La géographie nous fait connaître la ..., les ... qui baignent la Terre, les ... qui ..., les ... qui ..., les ... qui ... et les ... qui .... — 2. La Terre est ... comme ...; elle a ... kilomètres de tour. — 3 et 4. On peut représenter la Terre au moyen de ... et de ....

Tracé. — Dessinez le globe terrestre représenté ci-contre (fig. 1).

LA TERRE ET LE SOLEIL — LE JOUR ET LA NUIT

2e Leçon. — *Phrases à compléter.* — 5. Nous sommes éclairés et chauffés par le .... — 6. Le point de l'horizon où le soleil se couche chaque soir s'appelle l'...; le point de l'horizon où le soleil se lève chaque matin s'appelle l'...; le point de l'horizon où le soleil se trouve à midi s'appelle le ...; le point de l'horizon où le soleil ne se trouve jamais s'appelle le .... — 7. Les quatre points cardinaux sont : ..., ..., ..., ... Si nous regardons vers le Nord, nous avons ... à notre droite, ... à notre gauche, le .... derrière nous.

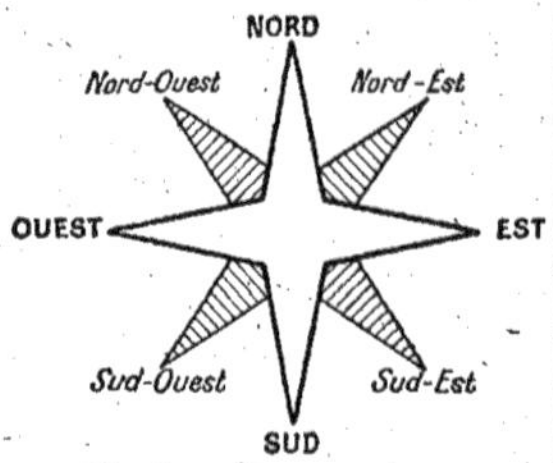

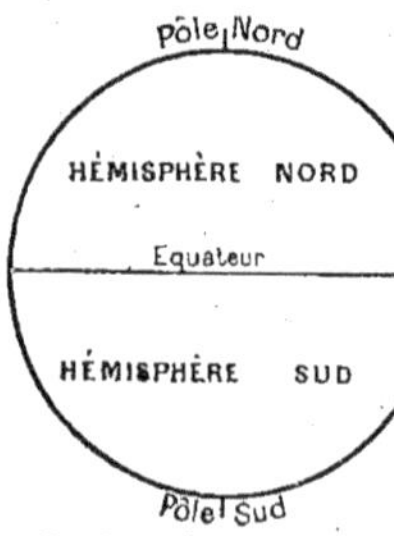

Fig. 2. — ROSE DES VENTS.

Tracé. — Dessinez la rose des vents représentée ci-dessus (fig. 2). (La rose des vents indique les points cardinaux et les points intermédiaires situés entre les points cardinaux.)

3e Leçon. — *Phrases à compléter.* — 8. Le soleil semble tourner chaque jour autour .... Mais, en réalité, c'est la Terre qui .... — 9. La Terre tourne sur elle-même en..... Il fait jour pour nous quand ...; il fait nuit pour nous quand .... — 10. Les pôles sont ...; il y a deux pôles : le ... et le .... L'équateur est .... Un hémisphère est ...; il y a deux hémisphères : l'... et l'....

Fig. 3. — LES PÔLES ET LES HÉMISPHÈRES DE LA TERRE.

Tracé. — Dessinez la Terre représentée ci-dessus (fig. 3); marquez les deux pôles, l'équateur, les deux hémisphères.

LA TERRE ET LE SOLEIL — LES SAISONS ET LES ZONES

4e Leçon. — *Phrases à compléter.* — 11. L'année est divisée en douze mois qui sont : ..., ..., ..., ..., ..., ..., ..., ..., ..., ..., ..., ... — 12. Les douze mois de l'année se divisent en quatre saisons qui sont : ... où ..., où ... où ..., où .... — 13. Le soleil semble avoir plus ou moins de chaleur dans telle ou telle saison : en réalité, la chaleur du soleil ne ..., mais la Terre approche du soleil tantôt .., tantôt .... — 14. La Terre tourne autour du soleil en ... jours, c'est-à-dire en ....

5e Leçon. — *Phrases à compléter.* — 15. Quand la Terre, en tournant, rapproche du soleil un de ses hémisphères, c'est la saison ... pour cet hémisphère et c'est ... pour l'autre hémisphère. Les différentes saisons ne se produisent pas en même temps dans ...; quand c'est le printemps dans l'hémisphère Nord, c'est ... dans ...; quand c'est l'hiver dans l'hémisphère Sud, c'est ... dans .... — 16. La Terre comprend cinq zones qui sont : la zone ... située ...; les deux zones ... situées ...; les deux zones ... situées .... La France est située dans ... de ....

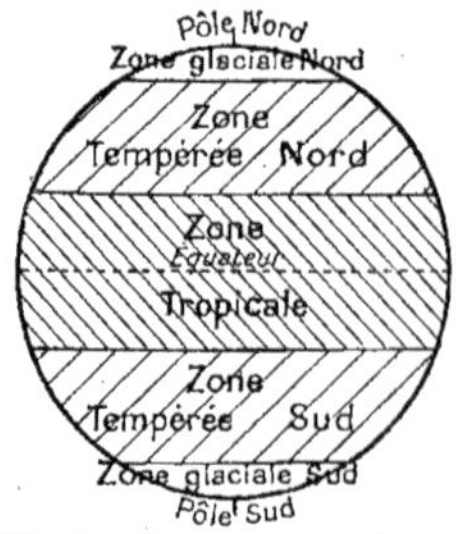

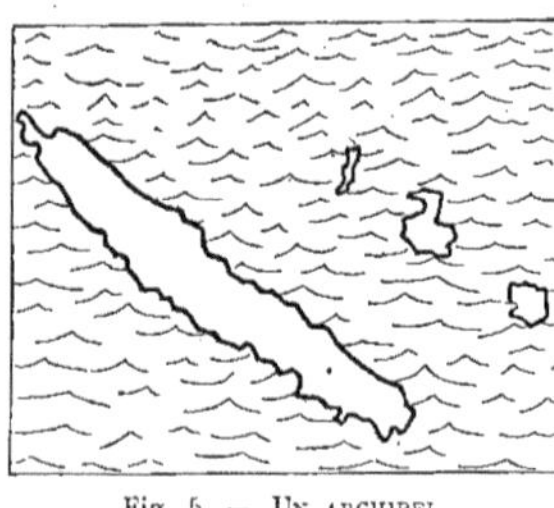

Fig. 4. — LES ZONES DE LA TERRE.

Tracé. — Dessinez les zones de la Terre représentées ci-dessus (fig. 4).

LES CONTINENTS ET LES OCÉANS — LES CÔTES

6e Leçon. — *Phrases à compléter.* — 17. Les mers occupent les ... de la surface du globe; les terres occupent .... — 18. Les terres forment deux masses principales que l'on appelle ...; les deux continents sont : l'... et le .... — 19. La mer est ...; la mer forme cinq masses d'eau principales que l'on appelle ...; les cinq océans sont : l' ..., l', ..., l'..., l' ... et l' .... — 20. Une île est ...; un archipel est ....

Fig. 5. — UN ARCHIPEL.

Tracé. — Dessinez l'archipel représenté ci-dessus (fig. 5), qui est formé d'une grande île et de trois petites îles.

7ᵉ Leçon. — *Phrases à compléter.* — 21. La côte est .... — 22. Un cap est .... Une presqu'île est .... — 23. Un golfe est ...; une baie est ...; une rade est .... — 24. Un détroit est.... Un isthme est....

Tracé. — Dessinez la côte ci-contre (fig. 6) qui représente l'extrémité de la grande presqu'île de Bretagne; marquez par le chiffre 1 trois caps que présente cette côte; par le chiffre 2 les trois principales presqu'îles que vous

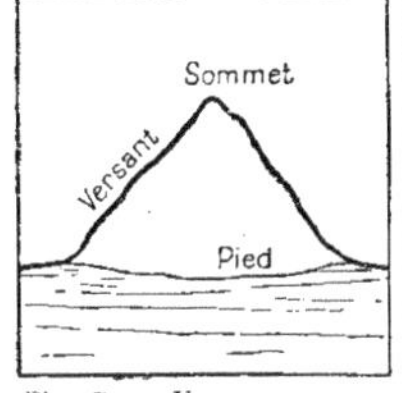

Fig. 6. — LA CÔTE DE BRETAGNE.

y remarquez; par le chiffre 3 les golfes les plus importants; par le chiffre 4 deux détroits; de plus, tracez une ligne pointillée qui marquera l'emplacement de chacun des isthmes.

MONTAGNES, PLAINES ET PLATEAUX

8ᵉ Leçon. — *Phrases à compléter.* — 25. La surface de la Terre n'est pas ... et ...; elle est accidentée, c'est-à-dire qu'on y voit des ..., des ..., des ..., des .... — 26. Une plaine est .... — 27. Une colline est ...; les pentes d'une colline s'appellent .... — 28. Une montagne est .... Un glacier est ....

Tracé. — Dessinez la montagne représentée ci-dessus (fig. 7); marquez le sommet, les versants, le pied de la montagne.

9ᵉ Leçon. — *Phrases à compléter.* — 29. Quand les montagnes sont alignées les unes à la suite des autres, elles forment une .... Quand les montagnes sont serrées les unes contre les autres, elles forment un .... Entre les montagnes, il y a des parties plus basses qu'on appelle des .... On passe par les cols pour .... — 30. Un volcan est ... par une ouverture appelée .... — 31. Un plateau est .... — 32. Une vallée est ...; au fond des vallées il y a souvent des ....

Fig. 8. — UNE VALLÉE.

Tracé. — Dessinez la vallée représentée ci-dessus (fig. 8) et le cours d'eau qui sillonne cette vallée.

LACS ET COURS D'EAU

10ᵉ Leçon. — *Phrases à compléter.* — 33. Une partie de l'eau de pluie qui tombe sur la terre forme les ..., les ...,

les ... et les .... — 34. Un lac est ...; un étang est ...; un marais est .... — 35. Un cours d'eau est ...; la source d'un cours d'eau est ...; l'embouchure d'un cours d'eau est ....

Tracé. — Dessinez le lac représenté à la figure 1 de la page 11.

11ᵉ Leçon. — *Phrases à compléter.* — 36. Les bords d'un cours d'eau s'appellent.... La rive droite est la rive que l'on a à sa droite quand ...; la rive gauche est .... Le lit du fleuve est .... — 37. Si nous descendons en bateau le cours d'un fleuve, la partie du fleuve que nous avons déjà parcourue est située en ... de nous; la partie du fleuve qui nous reste à parcourir est en... de nous. — 38. Un affluent est ...; un confluent est .... Un estuaire est ....

Tracé. — Dessinez un fleuve avec deux affluents sur sa rive droite et un affluent sur sa rive gauche; marquez les confluents; marquez la source du fleuve; marquez l'embouchure du fleuve.

LES PLANTES ET LES ANIMAUX

12ᵉ Leçon. — *Phrases à compléter.* — 39. Chaque zone de la Terre a ses plantes et ses animaux qui .... — 40. Dans la zone chaude, où il pleut beaucoup, il y a des ... dont les arbres sont ... et il y a des ... dont les herbes sont .... Dans la zone chaude, on récolte le ..., le ..., le ..., le ..., la ... et le .... Dans la zone chaude vit un animal utile, l'... dont les défenses....

13ᵉ Leçon. — *Phrases à compléter.* — 41. Dans les zones tempérées sèches, où il ne pleut presque jamais, le sol est un .... Dans le désert, autour des puits, il pousse des ... qui produisent des .... L'animal utile du désert est .... — 42. Dans les zones tempérées humides, où il pleut modérément, on récolte beaucoup de produits utiles, comme le ..., l' ..., la ..., le ..., la ..., le ...; on y élève beaucoup d'animaux utiles comme le ..., le ..., le .... — 43. La zone glaciale, où il fait toujours froid, n'a presque pas de ...; on n'y rencontre que deux animaux utiles : le ... et le ....

POPULATION DE LA TERRE

14ᵉ Leçon. — *Phrases à compléter.* — 44. La population de la Terre est de ... habitants. — 45. Il y a quatre races d'hommes : la ..., la .... la ..., la .... — 46-47. Dans la zone chaude, la chaleur empêche ...; les habitants vivent surtout de la ... et de la ...; il y a peu ....

15ᵉ Leçon. — *Phrases à compléter.* — 48. Les habitants de la zone tempérée sèche sont ... parce qu'ils ne trouvent à se nourrir que ...; ils vivent sous ...: ce sont des .... — 49. Les habitants de la zone tempérée humide travaillent le sol et récoltent ..., ..., ...; ils élèvent des animaux domestiques comme ..., ..., ..., ..., etc.; ils habitent dans des ... qui sont bâties en ..., en..., en.... en.... — 50. Les rares habitants de la zone glaciale restent pendant l'hiver dans ... et pendant l'été sous ...; ils se chauffent et s'éclairent avec ....

LA SITUATION ET LE CLIMAT DE LA FRANCE

16ᵉ Leçon.

51. La France n'est ni très grande ni très petite. — Le territoire de la France a 550 000 kilomètres carrés.

Supposez un champ carré de 100 mètres de côté : la France comprend 55 millions de champs de cette étendue.

La France est très grande, si vous la comparez à la commune que vous habitez : elle est au moins trente mille fois plus grande.

Mais la France est assez petite si vous la comparez au total des terres du globe : elle est au moins 260 fois plus petite.

Il y a en Europe un pays beaucoup plus grand que la France : c'est la *Russie*. Il y a en Europe des pays beaucoup plus petits que la France : par exemple, la *Belgique*.

52. Forme de la France. — Voyez la carte : le territoire de la France a la forme d'une figure régulière de six côtés.

Les points de ce territoire les plus éloignés l'un de l'autre, c'est-à-dire *Dunkerque* et *Bayonne*, sont à peine séparés par 1 000 kilomètres. C'est une grande distance s'il faut la parcourir à pied. Mais on la franchit en moins de 24 heures par le chemin de fer. Le tour de la Terre égale 40 fois cette distance.

53. La France est bornée par des terres et des mers. — La France est un pays de l'Europe. Elle est située dans la zone tempérée humide : c'est la zone où les habitants ont le plus de facilité pour travailler et pour se nourrir.

Il y a en Europe des pays complètement entourés par la mer : par exemple, l'*Angleterre*. Il y a en Europe des pays complètement entourés par la terre : par exemple, la *Suisse*. La France a trois côtés sur la mer, trois côtés sur la terre.

17ᵉ Leçon

54. Limites de la France. — Les *mers* qui bordent la France sont :

1° la *Mer du Nord* et la *Manche*, qui communiquent par le *détroit du Pas de Calais*;

2° l'*Océan Atlantique*, qui forme le *golfe de Gascogne*;

3° la *Mer Méditerranée* qui forme le *golfe du Lion*.

Les *pays* qui avoisinent la France sont : la *Belgique*, l'*Allemagne*, la *Suisse*, l'*Italie* et l'*Espagne*.

55. En France le climat n'est ni trop chaud ni trop froid. — La France a un climat tempéré. Cela signifie que la France n'a ni des étés trop brûlants, ni des hivers trop glacés, qu'il y pleut souvent, mais qu'il n'y tombe pas de grandes quantités d'eau.

La mer adoucit encore le climat de la France. Voici une petite expérience qui fait comprendre pourquoi.

Mettez sur le feu une marmite de terre pleine d'eau : vous remarquerez que la terre devient chaude plus vite que l'eau. Otez la marmite du feu : vous remarquerez que la terre se refroidit plus vite que l'eau.

Ce qui se passe pour la marmite et pour l'eau qu'elle contient se passe de même pour la terre et pour la mer : en été, la terre est plus chaude que la mer; en hiver, la terre est plus fraîche que la mer.

Or la France est baignée par quatre mers : en été, le vent qui vient de ces mers apporte à la France de la fraîcheur; en hiver, e vent qui vient de ces mers apporte à la France de la tiédeur.

Nous avons dit plus haut que la Suisse, voisine de la France, n'est pas baignée par la mer : aussi en été, il fait plus chaud dans les plaines de la Suisse que dans les plaines de la France; en hiver, il fait plus froid dans les plaines de la Suisse que dans les plaines de la France.

Questions. — 51. Connaissez-vous en Europe un pays plus grand que la France? Un pays plus petit? — 52. Quelle est la forme du territoire de la France? Combien de temps faut-il en chemin de fer pour aller d'une extrémité à l'autre de la France? Comparez cette distance au tour de la Terre. — 53. Dans quelle partie du monde est située la France? Dans quelle zone? Est-elle entièrement bordée par des terres? entièrement bordée par des mers? bordée à la fois par des terres et par des mers?

Combien de fois le tour de la Terre est-il plus long que la distance d'une extrémité à l'autre de la France? Combien de temps faut-il pour aller en chemin de fer d'une extrémité à l'autre de la France? Combien de temps faudrait-il pour faire en chemin de fer le tour de la Terre, si cela était possible? Montrez pourquoi cela n'est-il pas possible.

RÉSUMÉ. — Le territoire de la France est de grandeur moyenne.

La France a la forme régulière d'une figure de six côtés. Sa plus grande dimension, de Dunkerque à Bayonne, est de 1000 kilomètres: cette distance est 40 fois plus petite que le tour de la Terre.

La France est située en Europe, dans la zone tempérée humide. Elle a trois de ses côtés sur la mer, et trois de ses côtés sur la terre.

Questions. — 54. Quelles sont les mers qui bordent la France? Quel détroit fait communiquer la mer du Nord avec la Manche? Nommez un golfe français dans l'Océan Atlantique; un golfe français dans la Méditerranée. Quels sont les pays qui avoisinent la France? — 55. On dit que la France a un climat tempéré; savez-vous ce que cela signifie?

Fait-il plus chaud en France que dans la zone chaude? Y fait-il plus chaud ou moins chaud que dans la zone glacée? En été, fait-il plus chaud ou moins chaud sur la terre que sur la mer? En hiver, fait-il plus froid ou moins froid sur la terre que sur la mer? Pourquoi fait-il plus froid en hiver dans les plaines de la Suisse qu'en France? Pourquoi y fait-il plus chaud en été?

Devoir. — *D'après la carte 2 de la p. 19, tracez dans un cadre de six côtés les contours de la France; marquez les mers et les pays qui la bordent.*

RÉSUMÉ. — La France est bordée par quatre mers qui sont : la Mer du Nord et la Manche. unies par le détroit du Pas de Calais; l'Océan Atlantique et la Mer Méditerranée. Elle est bordée par cinq pays qui sont : la Belgique, l'Allemagne, la Suisse, l'Italie, l'Espagne.

En France le climat n'est ni très chaud, ni très froid, ni très humide, ni très sec.

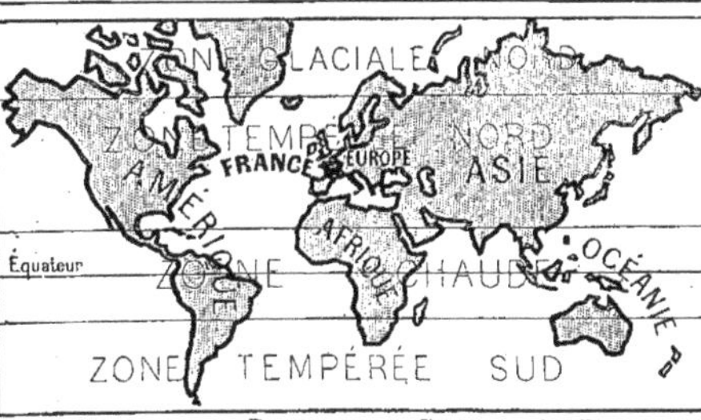

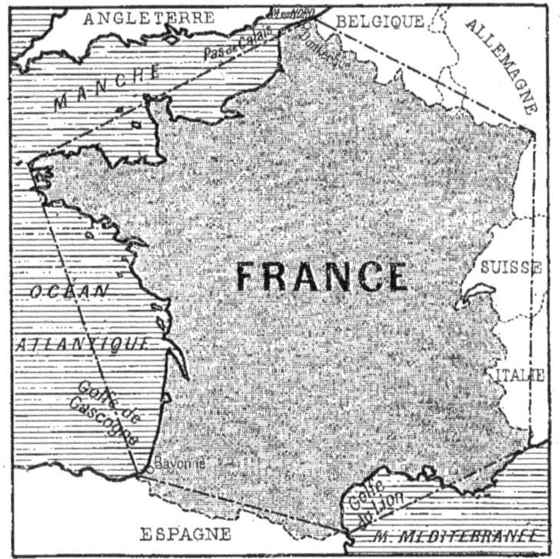

2. — FORME ET LIMITES DE LA FRANCE.

1. SITUATION DE LA FRANCE SUR LA TERRE. — *La France est située dans la zone tempérée. Aussi son climat est-il tempéré. Elle communique facilement par ses frontières de terre avec les autres pays d'Europe. Elle communique facilement, par la Méditerranée qui la baigne, avec l'Afrique et avec l'Asie. Enfin, grâce à sa situation sur l'Océan Atlantique, elle est un des pays d'Europe les plus rapprochés de l'Amérique.*

2. FORME ET LIMITES DE LA FRANCE. — *Rappelez, en les montrant sur cette carte, les mers et les pays voisins de la France. Parmi les pays voisins de la France, n'oubliez pas l'Angleterre, qui ne touche pas notre territoire, mais qui, au delà du détroit du Pas de Calais, n'est qu'à 32 kilomètres. On vient beaucoup plus rapidement à Paris de la capitale de l'Angleterre que des capitales de l'Allemagne, de l'Italie ou de l'Espagne.*

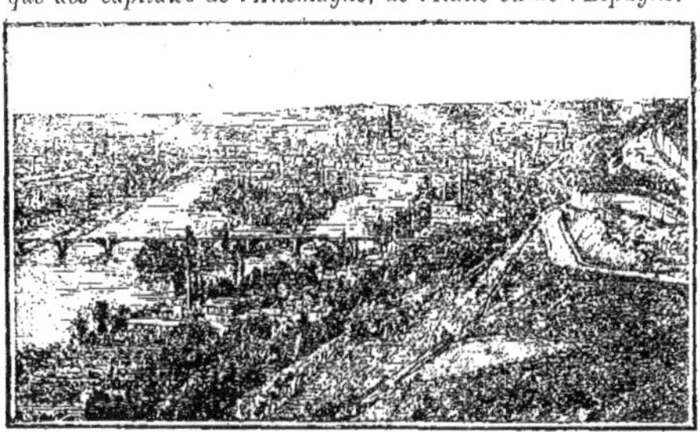

3. — LA SEINE A ROUEN. (*Phot. Neurdein.*)

4. — LE SAINT-LAURENT EN HIVER.

5. — LES SOURCES DE LA SEINE EN HIVER.

6. — LA PLAINE RUSSE EN HIVER.

3-4-5-6. LA FRANCE A UN CLIMAT TEMPÉRÉ. — *La France a un climat tempéré parce qu'elle est située dans la zone tempérée. Mais son climat est encore plus doux que celui de beaucoup de pays situés dans la même zone. En voici quelques preuves. — La fig. 3 nous représente en hiver une ville française, Rouen, située sur la Seine : la Seine n'est pas gelée. Pendant la même saison, regardez (fig. 4) un fleuve du Canada, le Saint-Laurent, qui coule dans la même zone : il est entièrement couvert par les glaces. — La fig. 5 vous montre à l'intérieur de la France, loin de la mer, la région des sources de la Seine ; vous voyez que c'est l'hiver, car les arbres, sauf les sapins, ont perdu leurs feuilles : or l'eau n'est pas gelée. Regardez, pendant la même saison, une plaine de Russie, située dans la même zone : la neige couvre le sol, on se déplace sur des traîneaux, glissant sur cette neige que la gelée durcit.*

18ᵉ Leçon.

56. En France, il y a autant de plaines que de montagnes et de plateaux. — Il y a en Europe des pays qui ne sont presque formés que par des plaines : par exemple, la *Russie*. Il y a en Europe des pays qui ne sont presque formés que par des montagnes : par exemple, la *Suisse*. En France, il y a également des montagnes et des plaines.

Regardons sur la carte le relief de la France.

57. Les montagnes de France. — Au milieu de la France, nous voyons le *Massif Central*. Il possède au centre de hautes montagnes : les *monts d'Auvergne*. Le reste est formé par des monts bas ou des plateaux.

Au Sud, nous voyons les *Pyrénées*, qui séparent la France de l'Espagne; au Sud-Est, nous voyons les *Alpes*, qui séparent la France de l'Italie. Ces massifs sont très hauts. Leurs sommets sont pointus; ils sont couverts de neige en toute saison, et ils ont des glaciers. Dans les Alpes françaises se trouve la plus haute montagne de l'Europe : le *Mont Blanc* (4 807 m.)

A l'Est, nous voyons le *Jura*, qui sépare la France de la Suisse, et les *Vosges*. Ces chaînes ne sont pas très hautes. Leurs sommets sont arrondis. Ils ne sont couverts de neige qu'en hiver et n'ont pas de glaciers.

Au Nord-Est, nous voyons l'*Ardenne*; à l'Ouest, le *Massif Armoricain*. Ces massifs sont bas. Leur partie supérieure est plate.

58. Les plaines de France. — La France a plus de plaines que de montagnes.

La carte nous montre trois grandes plaines : 1° au Nord, le *Bassin Parisien*, qui s'étend jusqu'à la Manche et à la mer du Nord; 2° au Sud-Ouest, le *Bassin Aquitain*, qui s'étend jusqu'à l'Océan Atlantique; 3° au Sud-Est, le *Bassin Rhodanien*, qui s'étend jusqu'à la Méditerranée.

19ᵉ Leçon.

59. En France les côtes ont des formes variées. — Les côtes de la France sont variées.

Les unes sont *basses et droites*. Ce sont des *plages* avec des monticules de sable, appelés *dunes*.

D'autres côtes sont *hautes et droites*. Ce sont des *falaises*. Vues de la mer, elles ont l'air de murs.

D'autres côtes sont *sinueuses*. Elles ont des caps et des presqu'îles, des golfes, des baies et des rades. Elles sont bordées par des îles et par des récifs.

Regardons sur la carte les côtes de France.

60. Les côtes de France. — La *Mer du Nord* est bordée en France par une côte basse et droite composée de plages et de dunes.

La *Manche* est bordée par une côte qui se dirige de l'Est à l'Ouest. A l'Est, cette côte est droite : elle forme les *falaises de Picardie* et de *Normandie*. A l'Ouest, cette côte est sinueuse; elle forme les *presqu'îles du Cotentin* et de *Bretagne*, en face desquelles sont les îles de *Jersey* et de *Guernesey*.

L'*Océan Atlantique* est bordé par une côte qui se dirige du Nord au Sud. Au Nord, cette côte est sinueuse et forme la *presqu'île de Bretagne*, en face de laquelle sont les îles de *Groix* et de *Belle-Ile*. Au Centre, cette côte est moins sinueuse et forme les *falaises de Vendée* et des *Charentes*, en face desquelles sont les îles d'*Yeu*, de *Noirmoutier*, de *Ré* et d'*Oléron*. Au Sud, cette côte est basse et droite : elle forme les plages et les dunes des *Landes*.

La *Mer Méditerranée* est bordée par une côte qui se dirige de l'Ouest à l'Est. A l'Ouest, cette côte est basse et droite : c'est la côte du *Languedoc*. A l'Est, cette côte est sinueuse et haute : c'est la côte de la *Provence*, en face de laquelle sont les îles d'*Hyères* et la grande île de la *Corse*.

Questions. — 56. Connaissez-vous en Europe un pays qui n'est presque formé que par des plaines ? un pays qui n'est presque formé que par des montagnes? La France est-elle comme l'un ou comme l'autre de ces pays? — 57. Quel massif montagneux se trouve au centre de la France? Quel massif sépare la France de l'Espagne? la France de l'Italie? Quelle est la plus haute montagne de ce massif? Quel massif sépare la France de la Suisse? Quel autre massif se trouve dans l'Est de la France? Quels massifs se trouvent au Nord-Est et à l'Ouest? — 58. Quelles sont les trois grandes plaines de la France?

Regardez la carte de la France (p. 21). Quelle est la partie où il y a plus de montagnes que de plaines?

Devoir. — *Reproduisez la carte de la page 21 ; marquez-y les montagnes et leurs noms.*

RÉSUMÉ. — En France, il y a autant de plaines que de montagnes et de plateaux.

Les principaux massifs de montagnes de la France sont: le Massif Central au milieu de la France, les Pyrénées entre la France et l'Espagne, les Alpes entre la France et l'Italie, le Jura entre la France et la Suisse, les Vosges. Le sommet le plus haut est dans les Alpes : c'est le Mont-Blanc (4807ᵐ), la montagne la plus élevée de l'Europe.

Les trois grandes plaines de la France sont : le Bassin Parisien au Nord, le Bassin Aquitain au Sud-Ouest, le Bassin Rhodanien au Sud-Est.

Questions. — 59. Comment appelle-t-on les monticules de sable que l'on trouve alignés le long de certaines côtes de France? Comment appelle-t-on les côtes hautes et droites qui ont l'air de murs? — 60. La mer du Nord est-elle bordée par une côte haute ou basse? Où y a-t-il des falaises sur la Manche? Où y a-t-il des presqu'îles et des îles sur la Manche? Comment s'appellent-elles? Mêmes questions pour l'Océan Atlantique. Sur les côtes de l'Océan Atlantique, où y a-t-il des dunes? Sur la Méditerranée, comment s'appelle la côte droite? la côte sinueuse? Quelles sont les îles en face de la Provence?

Devoir. — *Reproduisez la carte de la page 21 ; marquez-y les côtes et leurs noms.*

RÉSUMÉ. — En France, certaines côtes sont basses et droites; d'autres sont droites et hautes; d'autres, enfin, sont sinueuses.

La côte de la Mer du Nord est formée de plages et de dunes. La côte de la Manche forme à l'Est les falaises de Picardie et de Normandie, et elle forme à l'Ouest les presqu'îles du Cotentin et de Bretagne. La côte de l'Océan Atlantique forme au Nord la presqu'île de Bretagne, au Centre les falaises de Vendée et des Charentes, au Sud les plages et les dunes des Landes. La côte de la Mer Méditerranée comprend à l'Ouest la côte du Languedoc qui est basse et droite et elle comprend à l'Est la côte de la Provence qui est sinueuse et haute.

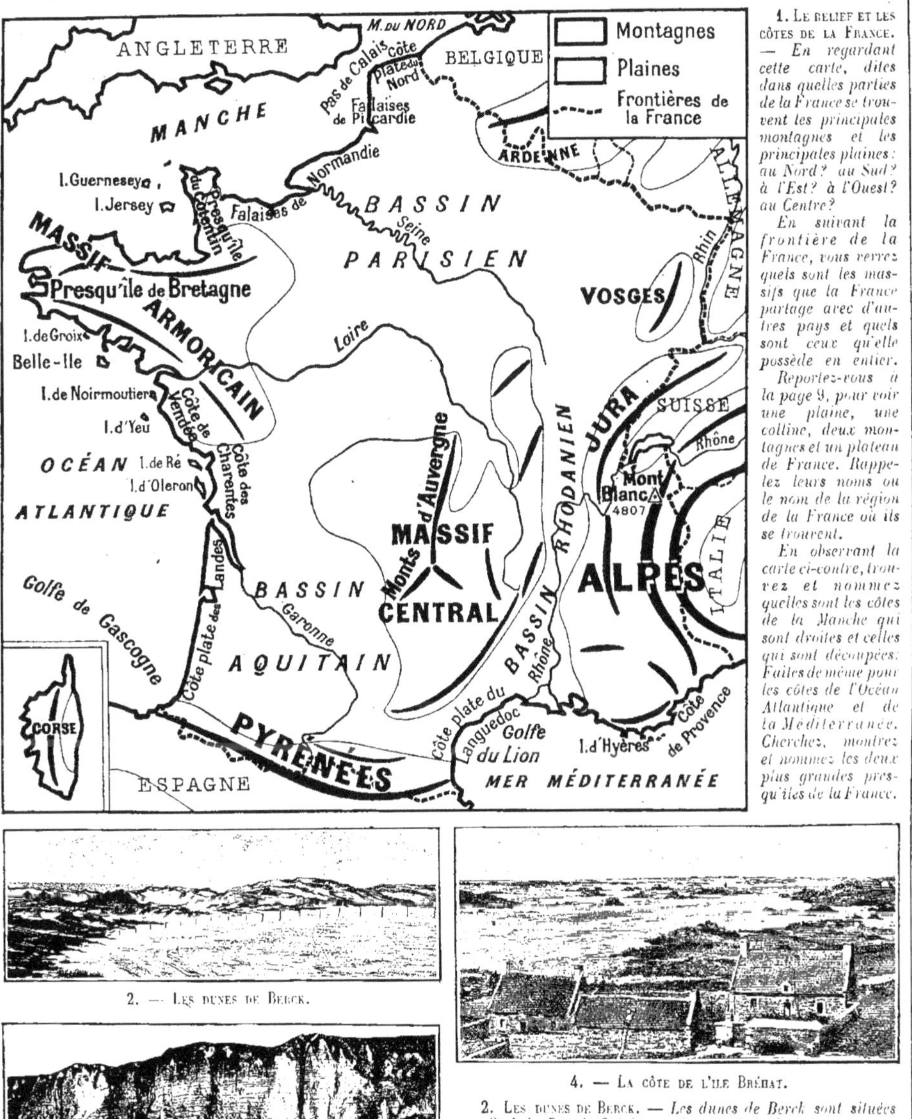

1. LE RELIEF ET LES CÔTES DE LA FRANCE.
— En regardant cette carte, dites dans quelles parties de la France se trouvent les principales montagnes et les principales plaines : au Nord? au Sud? à l'Est? à l'Ouest? au Centre?

En suivant la frontière de la France, vous verrez quels sont les massifs que la France partage avec d'autres pays et quels sont ceux qu'elle possède en entier.

Reportez-vous à la page 9, pour voir une plaine, une colline, deux montagnes et un plateau de France. Rappelez leurs noms ou le nom de la région de la France où ils se trouvent.

En observant la carte ci-contre, trouvez et nommez quelles sont les côtes de la Manche qui sont droites et celles qui sont découpées. Faites de même pour les côtes de l'Océan Atlantique et de la Méditerranée. Cherchez, montrez et nommez les deux plus grandes presqu'îles de la France.

2. — LES DUNES DE BERCK.

4. — LA CÔTE DE L'ILE BRÉHAT.

3. — LA FALAISE DE DIEPPE.

2. LES DUNES DE BERCK. — Les dunes de Berck sont situées au Sud du Pas de Calais, sur la côte de la Manche.

3. LA FALAISE DE DIEPPE. — La falaise de Dieppe, haute et droite comme une muraille, se trouve en Normandie, sur la côte de la Manche.

4. LA CÔTE DE L'ILE BRÉHAT. — L'île Bréhat se trouve au voisinage de la presqu'île de Bretagne. Sa côte est riche en golfes, en caps et en îlots.

20ᵉ Leçon.

61. En France, la plus grande partie des eaux va aux fleuves. — En France, les lacs sont peu nombreux. Le plus étendu est le *lac de Genève*, partagé entre la Suisse et la France.

62. Les fleuves français sont des fleuves moyens. — Dans la zone chaude, où il pleut beaucoup, les fleuves sont immenses ; ils jettent d'énormes masses d'eau dans la mer.

Dans la zone tempérée humide, où se trouve la France, les fleuves jettent dans la mer une quantité moyenne d'eau.

En France, il y a beaucoup de petits fleuves et quatre grands fleuves ; il n'y a pas de très grand fleuve.

63. Les principaux fleuves de la France. — Les principaux fleuves de la France sont : 1° la *Seine* ; 2° la *Loire* ; 3° la *Garonne* ; 4° le *Rhône*. Ces fleuves ont de nombreuses rivières comme affluents.

64. La Seine. — La Seine coule en entier dans le Bassin Parisien. Elle se jette dans la Manche.

Ses affluents sont : 1° sur la rive droite, l'*Aube*, la *Marne* et l'*Oise* ; 2° sur la rive gauche, l'*Yonne* et l'*Eure*.

Sur les bords de la Seine se trouvent *Paris, Rouen, Le Havre*.

La Seine est très navigable.

65. La Loire. — La Loire commence dans le Massif Central. Elle se jette dans l'Océan Atlantique.

Ses affluents sont : 1° sur la rive droite, la *Maine*, formée de la Mayenne et de la Sarthe ; 2° sur la rive gauche, l'*Allier*, le *Cher*, l'*Indre* et la *Vienne*,

Sur les bords de la Loire se trouvent *Orléans, Tours* et *Nantes*.

La Loire n'est pas navigable.

21ᵉ Leçon.

66. La Garonne. — La Garonne commence dans les Pyrénées. Elle se jette dans l'Océan Atlantique par un estuaire appelé la *Gironde*.

Ses affluents sont : 1° sur la rive droite, le *Tarn*, le *Lot* et la *Dordogne* ; 2° sur la rive gauche, le *Gers*.

Sur les bords de la Garonne se trouvent *Toulouse* et *Bordeaux*.

La Garonne est peu navigable.

67. Le Rhône — Le Rhône commence en Suisse dans les Alpes. Il entre en France après avoir traversé le lac de Genève. Il se jette dans la Méditerranée par un delta.

Ses affluents sont : 1° sur la rive droite, l'*Ain*, la *Saône* ; 2° sur la rive gauche, l'*Isère*, la *Drôme* et la *Durance*.

Sur les bords du Rhône se trouve *Lyon*.

Le Rhône est navigable, mais difficilement.

68. Autres fleuves français. — De grands fleuves qui se jettent dans la Mer du Nord n'ont qu'une partie de leurs cours en France. Ce sont : le *Rhin* et son affluent la *Moselle*, la *Meuse*, l'*Escaut*.

De petits fleuves en assez grand nombre coulent en France. Les principaux sont : 1° la *Somme*, qui se jette dans la Manche ; 2° la *Vilaine*, la *Charente* et l'*Adour*, qui se jettent dans l'Océan Atlantique ; 3° l'*Aude* et l'*Hérault*, qui se jettent dans la Méditerranée.

69. Les fleuves français sont utiles. — Les fleuves coulent dans des vallées où leurs eaux ont déposé des sables fertiles, que l'on appelle *alluvions*. Aussi les cultures sont prospères près des fleuves.

Les vallées sont plates ; il est facile d'y construire des routes ou des chemins de fer. Sur beaucoup de fleuves on peut transporter des marchandises par bateau. Aussi le commerce est facile le long des fleuves.

Questions. — 61. Citez un grand lac qui appartient en partie à la France. — 62. Y a-t-il en France de très grands fleuves ? — 63. Quels sont les quatre principaux fleuves de la France ? — 64. Où se jette la Seine ? Quels sont ses affluents sur la rive droite ? sur la rive gauche ? Quelles sont les villes situées sur les bords de la Seine ? La Seine est-elle navigable ? — 65. Dans quelle montagne commence la Loire ? Où se jette-t-elle ? Quels sont ses affluents sur la rive gauche ? sur la rive droite ? Quelles sont les villes situées sur les bords de la Loire ? La Loire est-elle navigable ?

Devoir. — *Dessinez une carte de la France (voir p. 23). Tracez-y le cours de la Seine et celui de la Loire, leurs affluents et les villes situées sur leurs bords.*

RÉSUMÉ. — En France, il y a peu de lacs. La plus grande partie des eaux va aux fleuves.

Les fleuves français sont des fleuves moyens.

Les quatre principaux fleuves de la France sont : la Seine, la Loire, la Garonne et le Rhône.

La Seine, qui arrose Paris, Rouen, Le Havre, reçoit à droite la Marne et l'Oise ; elle reçoit à gauche l'Yonne et l'Eure. La Seine est navigable.

La Loire, qui arrose Orléans, Tours, Nantes, reçoit à droite la Maine ; elle reçoit à gauche l'Allier, le Cher, l'Indre et la Vienne. La Loire n'est pas navigable.

Questions. — 66. Dans quelle montagne commence la Garonne ? Où se jette-t-elle ? Quels sont ses affluents sur la rive droite ? sur la rive gauche ? Quelles sont les villes situées sur les bords de la Garonne ? — 67. Où commence le Rhône ? Où se jette-t-il ? Quels sont ses affluents sur la rive droite ? sur la rive gauche ? Quelles sont les villes situées sur les bords du Rhône ? — 68. Nommez des fleuves secondaires en France. — 69. Pourquoi les fleuves de France sont-ils utiles au commerce ?

Devoir — *Dessinez une carte de France. Tracez-y le cours de la Garonne et celui du Rhône, leurs affluents, et les villes situées sur leurs bords.*

RÉSUMÉ. — La Garonne, qui arrose Toulouse et Bordeaux, reçoit à droite le Tarn, le Lot et la Dordogne ; elle reçoit à gauche le Gers. La Garonne est peu navigable.

Le Rhône, qui arrose Lyon, reçoit à droite l'Ain et la Saône ; il reçoit à gauche l'Isère, la Drôme et la Durance. Le Rhône est navigable, mais difficilement.

Au Nord-Est de la France coulent de grands fleuves : le Rhin, la Moselle, la Meuse et l'Escaut ; mais ces fleuves n'ont qu'une partie de leur cours en France.

Les fleuves de France ont creusé de larges vallées, favorables à la culture et au commerce. Aussi les bords des fleuves sont très peuplés.

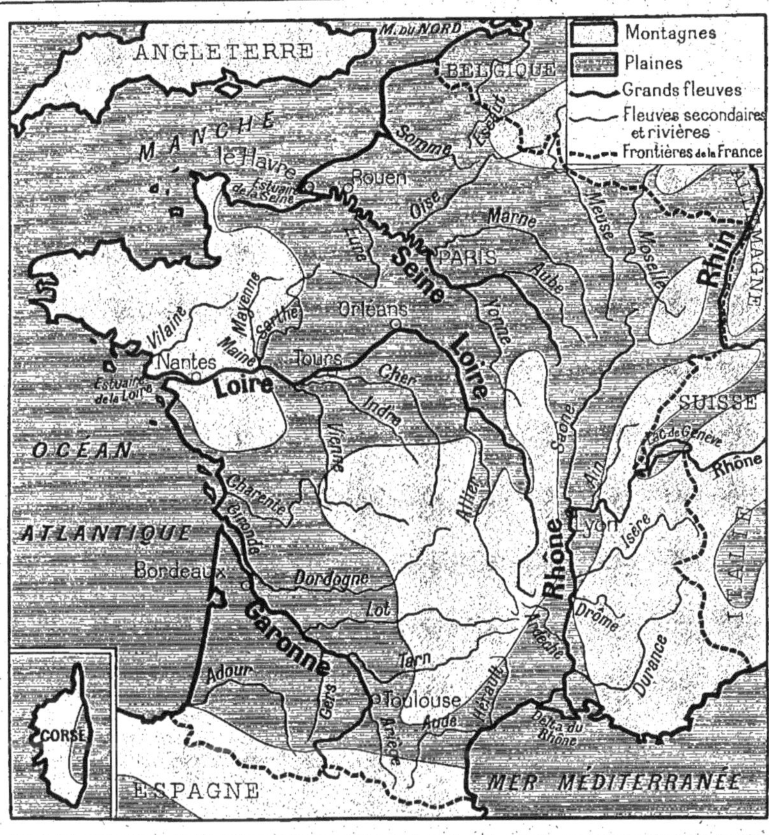

1. LES COURS D'EAU DE LA FRANCE. — On a tracé sur cette carte la frontière de la France. Vous pouvez donc voir quels sont les fleuves qui appartiennent en entier à la France, et quels sont ceux qu'elle partage avec les pays voisins. Cherchez quels sont les fleuves qui sont partagés entre la France et la Belgique, entre la France et l'Allemagne, entre la France et la Suisse.

Sur cette carte on a aussi marqué les montagnes et les plaines. Suivez le cours des quatre grands fleuves français (Seine, Loire, Garonne et Rhône), et aussi le cours du Rhin, de la Moselle, de la Meuse, de l'Escaut, de la Marne, de l'Oise, de l'Allier, de la Dordogne, et de la Saône : ce sont là les principaux fleuves et les principales rivières de la France. Parmi ces cours d'eau quels sont ceux qui ont tout leur cours dans les plaines ? Quels sont ceux qui ont une partie de leur cours dans les montagnes ?

2. LA SEINE A PARIS. — *Reportez-vous à la page 11, pour voir deux grands fleuves français : le Rhône (fig. 5) et la Loire (fig. 6-7). Ici, vous voyez les autres grands fleuves de la France : la Seine et la Garonne.*

La Seine passe à Paris. Au milieu de Paris elle se divise en deux bras qui entourent l'île Saint-Louis (à droite de la gravure) et l'île de la Cité (au milieu de la gravure) où se trouve Notre-Dame, la grande cathédrale de Paris (au fond).

La Seine à Paris est navigable. Vous voyez ici trois péniches traînées par un remorqueur, et une péniche contre le quai. Vous rappelez-vous ce qu'on appelle l'amont et l'aval ? Les péniches traînées par le remorqueur descendent le cours du fleuve. Sont-elles en amont ou en aval de l'île de la Cité ?

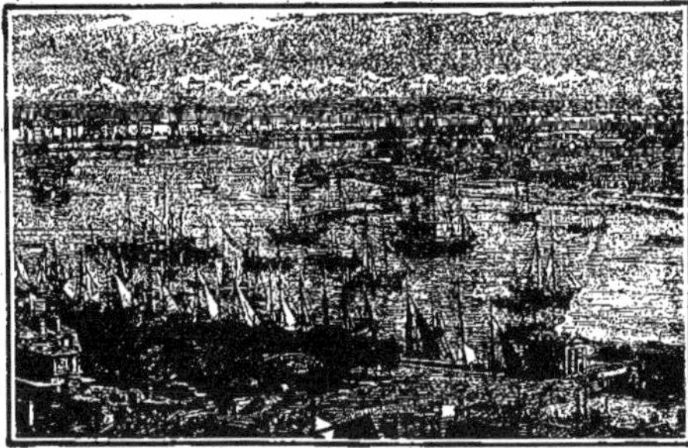

3. LA GARONNE A BORDEAUX. — *La Garonne à Bordeaux est profonde et large. Non seulement elle est navigable, mais les navires de mer peuvent la remonter jusqu'à cette ville, qui est un grand port. Mais Bordeaux est tout près de l'embouchure de la Garonne. En amont de Bordeaux, la Garonne est peu navigable : c'est là une grande différence entre elle et la Seine qui est encore navigable loin de son embouchure et près de sa source.*

22e Leçon.

70. Quel est le nombre des Français ? — Il y a en France 39 millions d'habitants.

La population de la France entière est nombreuse, si vous la comparez à celle du pays que vous habitez. La population de la France est peu nombreuse, si vous la comparez à celle de toute la terre : elle est 40 fois moins nombreuse.

La France et presque tous les pays de l'Europe sont plus peuplés que les autres pays de la Terre. Aussi beaucoup d'habitants de l'Europe vont s'installer dans les autres parties du monde : ils y fondent des *colonies*. Nous verrons plus loin que la France a beaucoup de colonies.

71. Tout le territoire de la France n'est pas également peuplé. — En France, il y a peu d'habitants dans les montagnes, parce qu'il y fait trop froid en hiver et qu'il est difficile d'y cultiver le sol.

Il y a plus d'habitants dans les plaines, parce qu'il est facile d'y cultiver le sol et d'y apporter par les routes et par les fleuves la houille et les matériaux qu'on transforme dans les usines.

Il y a plus d'habitants dans les pays où se trouvent des usines que dans les pays où se trouvent seulement des champs, parce qu'il faut plus d'ouvriers pour travailler dans les usines que de cultivateurs pour travailler dans les champs.

72. Les campagnes et les villes. — Certains Français habitent au milieu des *campagnes*, dans des *villages*, dans des *hameaux* ou dans des *fermes* isolées. La plupart sont des cultivateurs.

D'autres Français vivent dans des *villes*. Ce sont des ouvriers, des fabricants, des commerçants, des fonctionnaires.

23e Leçon.

73. Les grandes villes. — Il y a beaucoup de villes en France. Quinze d'entre elles sont de très grandes villes : elles ont plus de 100 000 habitants.

Ces quinze villes sont, par ordre d'importance :

1° *Paris*, qui a 2 900 000 habitants ;

2° *Marseille* et *Lyon*, qui ont plus de 500 000 habitants ;

5° *Bordeaux* et *Lille*, qui ont plus de 200 000 habitants ;

4° *Nantes*, *Toulouse*, *Saint-Etienne*, *Strasbourg*, *Le Havre*, *Nice*, *Rouen*, *Roubaix*, *Nancy* et *Toulon*. Ces quinze villes sont soulignées sur la carte.

74. Paris. — Paris est la capitale de la France. C'est la ville la plus peuplée de la France.

Paris est entouré de nombreuses villes qui ne sont séparées de lui par aucun territoire sans maisons : ces villes forment la *banlieue* de Paris. Paris avec sa banlieue a près de 4 millions d'habitants.

Paris est la résidence du *Président de la République*, qui est le chef de l'Etat et la résidence des *Ministres*, qui gouvernent la France.

A Paris se réunissent les *Sénateurs* et les *Députés*, qui font les lois.

75. Divisions de la France. — La France est divisée en 89 parties, qu'on appelle *départements*. Il y a en plus le territoire de Belfort.

Chaque département est divisé en *arrondissements*.

Chaque arrondissement est divisé en *cantons*.

Chaque canton est divisé en *communes*. Il y a 37 963 communes en France.

Chaque département est administré par un *préfet*. La ville où réside le préfet s'appelle le *chef-lieu* du département.

Questions. — 70. Combien de millions d'habitants la France a-t-elle ? Cette population est-elle nombreuse, comparée à celle du pays que vous habitez ? Cette population est-elle nombreuse, comparée à celle de toute la Terre ? — 71. Pourquoi y a-t-il peu d'habitants dans les montagnes de France ? Pourquoi y a-t-il plus d'habitants dans les plaines de France que dans les montagnes ? Pourquoi y a-t-il plus d'habitants dans les pays où se trouvent des usines que dans ceux où se trouvent seulement des champs ? — 72. Où habitent et vivent les Français ? Quel est le travail de la plupart des Français qui habitent les villages, les hameaux et les fermes ? Quel est le travail des Français qui habitent les villes ?

Savez-vous ce que c'est qu'une colonie française ? Pourquoi les Français fondent-ils des colonies ? Quelle différence y a-t-il entre une ville et un village ? entre un village et un hameau ? entre un hameau et une ferme isolée ? Habitez-vous une ville, un village, un hameau ou une ferme isolée ?

RÉSUMÉ. — La France a 39 millions d'habitants. C'est un pays très peuplé, comme presque tous les pays de l'Europe.
La population de la France est plus nombreuse dans les plaines que dans les montagnes ; elle est aussi plus nombreuse dans les pays où il y a des usines que dans les pays où il n'y a que des champs.
Les Français habitent soit des villages, des hameaux et des fermes dans les campagnes, soit des villes.

Questions. — 73. Quelle est la plus grande ville de France ? Quelles sont les deux autres grandes villes qui ont plus de 500 000 habitants ? Quelles sont les deux autres grandes villes qui ont plus de 200 000 habitants ? Connaissez-vous d'autres grandes villes en France ? — 74. Où est la résidence du Président de la République ? des ministres ? Où se réunissent les sénateurs et les députés ? — 75. Combien de départements y a-t-il en France ? Comment s'appellent les divisions d'un département ? les divisions d'un arrondissement ? les divisions d'un canton ? Combien y a-t-il de communes en France ? Par qui est administré un département ?

Comment s'appelle votre commune ? A quel canton appartient-elle ? A quel arrondissement ? A quel département ? Quel est le chef-lieu de ce département ?

Devoir. — *Dessinez les limites et les fleuves de la carte de la p. 25 et marquez-y les 15 villes ayant plus de 100 000 habitants.*

RÉSUMÉ. — La France a quinze villes peuplées de plus de 100 000 habitants. Les plus importantes de ces villes sont : Paris, Marseille, Lyon, Bordeaux et Lille.
Paris est la capitale de la France. C'est à Paris que siège le gouvernement de la France.
Le territoire de la France est divisé en 89 départements. Chaque département est divisé en arrondissements ; chaque arrondissement en cantons ; chaque canton en communes.

TABLEAU DES DÉPARTEMENTS FRANÇAIS

DÉPARTEMENTS	CHEFS-LIEUX	DÉPARTEMENTS	CHEFS-LIEUX	DÉPARTEMENTS	CHEFS-LIEUX	DÉPARTEMENTS	CHEFS-LIEUX
NORD	Lille	FINISTÈRE	Quimper	NIÈVRE	Nevers	LOIRE	St-Étienne	GARD	Nimes
PAS-DE-CALAIS	Arras	CÔTES-DU-NORD	Saint-Brieuc	CÔTE-D'OR	Dijon	RHÔNE	Lyon	VAUCLUSE	Avignon
SOMME	Amiens	ILLE-ET-VILAINE	Rennes	HAUTE-SAÔNE	Vesoul	AIN	Bourg	BASSES-ALPES	Digne
SEINE-INFÉRIEURE	Rouen	MAYENNE	Laval	TER. DE BELFORT	Belfort	HAUTE-SAVOIE	Annecy	HAUTES-ALPES	Gap
OISE	Beauvais	ORNE	Alençon	VENDÉE	La Roche-sur-Yon	GIRONDE	Bordeaux	GERS	Auch
AISNE	Laon	EURE-ET-LOIR	Chartres	DEUX-SÈVRES	Niort	DORDOGNE	Périgueux	TARN-ET-GARONNE	Montauban
ARDENNES	Mézières	LOIRET	Orléans	INDRE-ET-LOIRE	Tours	CORRÈZE	Tulle	TARN	Albi
MANCHE	Saint-Lô	YONNE	Auxerre	INDRE	Châteauroux	CANTAL	Aurillac	HÉRAULT	Montpellier
CALVADOS	Caen	AUBE	Troyes	ALLIER	Moulins	HAUTE-LOIRE	Le Puy	BOUCHES-DU-RHÔ°°	Marseille
EURE	Évreux	HAUTE-MARNE	Chaumont	SAÔNE-ET-LOIRE	Mâcon	ARDÈCHE	Privas	VAR	Draguignan
SEINE-ET-OISE	Versailles	VOSGES	Épinal	JURA	Lons-le-Saulnier	DRÔME	Valence	ALPES-MARITIMES	Nice
SEINE	Paris	HAUT-RHIN	Colmar	DOUBS	Besançon	ISÈRE	Grenoble	BASSES-PYRÉNÉES	Pau
SEINE-ET-MARNE	Melun	MORBIHAN	Vannes	CHARENTE-INF.	La Rochelle	SAVOIE	Chambéry	HAUTES-PYRÉNÉES	Tarbes
MARNE	Châlons-s. Marne	LOIRE-INFÉR.	Nantes	CHARENTE	Angoulême	LANDES	Mt-de-Marsan	HAUTE-GARONNE	Toulouse
MEUSE	Bar-le-Duc	MAINE-ET-LOIRE	Angers	VIENNE	Poitiers	LOT-ET-GAR.	Agen	ARIÈGE	Foix
MEURTHE-ET-MOSELLE	Nancy	SARTHE	Le Mans	HAUTE-VIENNE	Limoges	LOT	Cahors	AUDE	Carcassonne
MOSELLE	Metz	LOIR-ET-CHER	Blois	CREUSE	Guéret	AVEYRON	Rodez	PYRÉNÉES-ORIENT.	Perpignan
BAS-RHIN	Strasbourg	CHER	Bourges	PUY-DE-DÔME	Clermont-Ferrand	LOZÈRE	Mende	CORSE	Ajaccio.

24e Leçon.

76. Les routes en France. — Les routes servent aux voitures qui transportent à la ferme les récoltes des champs, et qui transportent les légumes des campagnes aux villes. Elles servent aussi aux automobiles.

77. Différentes espèces de routes. — Les *routes nationales* sont construites et entretenues aux frais de l'Etat. Ce sont les plus grandes routes de France.

Les *routes départementales* sont construites et entretenues aux frais des départements qu'elles traversent.

Les *chemins vicinaux* sont construits et entretenus aux frais des communes qu'ils traversent.

78. Les voies navigables en France. — En France, les voies navigables servent surtout au transport des marchandises lourdes. Le transport par eau sur des *péniches* ne coûte pas cher, mais il est lent.

79. Différentes espèces de voies navigables. — Parmi les *cours d'eau*, il n'y a que la Seine et ses affluents, les cours d'eau du Nord et de l'Est, le Rhône et la Saône qui ont assez d'eau pour que des péniches chargées puissent y naviguer.

Des *canaux latéraux* ont été creusés le long de certains fleuves peu navigables. Le principal canal latéral est le *canal latéral à la Garonne.*

Des *canaux de jonction* ont été creusés pour unir entre eux certains cours d'eau navigables. Les principaux canaux de jonction unissent les cours d'eau du Nord et de l'Est avec la Seine, la Saône et le Rhône. Ce sont : les *canaux du Nord,* le *canal de la Marne au Rhin,* le *canal du Rhône au Rhin,* le *canal de Bourgogne* et les *canaux du Centre.* Ces canaux permettent de transporter des marchandises par eau depuis la Mer du Nord jusqu'à la Méditerranée.

Le *canal du Midi* unit la Garonne avec le Rhône et avec la Méditerranée.

25e Leçon.

80. Les chemins de fer en France. — En France, les chemins de fer servent aux gens et aux marchandises légères. On transporte par chemin de fer les objets fabriqués, ou encore les légumes, les fruits, les fleurs, le beurre, etc., qui se gâteraient en route si le transport durait longtemps.

81. Différents réseaux de chemins de fer. — Les chemins de fer en France se divisent en six groupes appelés *réseaux.* Voici les six réseaux :

1. Réseau du Nord. — Le réseau du Nord comprend deux lignes principales : 1° la ligne *Paris-Boulogne-Calais* (où l'on s'embarque pour l'Angleterre) ; 2° la ligne *Paris-Lille* (qui se prolonge en Belgique).

2. Réseau de l'Est. — Le réseau de l'Est comprend deux lignes principales : 1° la ligne *Paris-Nancy-Strasbourg* (qui se prolonge en Allemagne); 2° la ligne *Paris-Belfort* (qui se prolonge en Suisse).

3. Réseau de Paris-Lyon-Méditerranée. — Le réseau de Paris-Lyon-Méditerranée comprend deux lignes principales : 1° la ligne *Paris-Lyon-Marseille-Toulon-Nice*; 2° la ligne *Paris-Alpes* (qui se prolonge en Italie).

4. Réseau d'Orléans. — Le réseau d'Orléans comprend trois lignes principales : 1° la ligne *Paris-Toulouse*; 2° la ligne *Paris-Bordeaux*; 3° la ligne *Paris-Nantes.*

5. Réseau de l'État. — Le réseau de l'État comprend deux lignes principales : 1° la ligne *Paris-Brest*; 2° la ligne *Paris-Rouen-Le Havre.*

6. Réseau du Midi. — Le réseau du Midi comprend trois lignes principales : 1° la ligne *Bordeaux-Toulouse*; 2° la ligne *Bordeaux-Pyrénées*; 3° la ligne *Toulouse-Pyrénées.*

Sauf les lignes du réseau du Midi, toutes les grandes lignes de chemins de fer partent de Paris.

Questions. — 76. A quoi servent les routes ? — 77. Quelles sont les différentes espèces de routes ? Comment s'appellent les plus grandes routes de France ? — 78. A quoi servent les voies navigables ? — 79. Citez des cours d'eau navigables en France; un canal latéral ; les principaux canaux de jonction.

Quelle différence y a-t-il entre un canal latéral et un canal de jonction? Regardez la carte : peut-on aller en bateau de la mer du Nord à la Méditerranée? de la Manche au Rhin? de l'Océan Atlantique à la Méditerranée? de l'embouchure de la Loire au Rhin? de la Méditerranée jusqu'en Suisse?

Devoirs. — *1. Faites la carte des voies navigables en France (carte 1 de la p. 27). — 2. Une péniche doit se rendre de Bordeaux, qui est sur la Garonne, jusqu'à Strasbourg, qui est sur le Rhin ; énumérez les cours d'eau et les canaux par lesquels elle passera.*

RÉSUMÉ. — Les principales routes de France sont les routes nationales.

Les voies navigables de la France comprennent : 1° des cours d'eau naturels; 2° des canaux latéraux comme le canal latéral à la Garonne ; 3° des canaux de jonction dont les plus importants sont les canaux du Nord, le canal de la Marne au Rhin et le canal du Rhône au Rhin.

Les principales voies navigables sont dans le Nord et l'Est de la France.

Questions. — 80. A quoi servent les chemins de fer? Que transporte-t-on surtout par les chemins de fer? — 81. Nommez les six réseaux de chemins de fer français. Quel est celui dont les lignes ne partent pas de Paris? Quelles sont les principales lignes du réseau du Nord? du réseau de l'Est? du réseau de Paris-Lyon-Méditerranée? du réseau d'Orléans? du réseau de l'Etat? du réseau du Midi?

Regardez la carte : faut-il passer par Paris pour aller de Bordeaux à Strasbourg? de Calais à Marseille? de Bordeaux à Toulouse?

Devoirs. — *1. Faites la carte des chemins de fer de la France (carte 3 de la page 27). — 2. Un voyageur doit se rendre en chemin de fer de Strasbourg en Espagne. Indiquez : 1° par quels réseaux il doit passer; 2° par quelles villes; 3° s'il y a plusieurs itinéraires possibles; 4° dans ce cas, quels sont ces itinéraires.*

RÉSUMÉ. — Les chemins de fer servent aux gens et aux marchandises qui vont loin.

Les chemins de fer français forment six réseaux qui sont : le réseau du Nord, le réseau de l'Est, le réseau de Paris-Lyon-Méditerranée, le réseau d'Orléans, le réseau de l'Etat et le réseau du Midi.

Tous ces réseaux, excepté le réseau du Midi, partent de Paris.

1. — LES VOIES NAVIGABLES EN FRANCE.

1. Les voies navigables en France. — Les principales voies navigables de la France se trouvent dans le Nord, le Centre et l'Est. Nommez les grandes voies navigables qui ne sont ni dans le Nord, ni dans le Centre, ni dans l'Est.

On peut transporter des marchandises par eau depuis la mer du Nord et la Manche jusqu'au Rhin ou à la mer Méditerranée. On ne peut transporter des marchandises par eau depuis la Seine et le Rhin jusqu'à l'Ouest de la France. Regardez la carte des cours d'eau français, où sont marquées les montagnes (p. 23) : vous verrez qu'il n'y a pas de voies navigables dans les pays de montagnes. Pourquoi?

2. Un canal dans le Nord près de Valenciennes. — Sur ces eaux tranquilles, une péniche s'avance, traînée par deux chevaux, qui suivent le chemin établi le long du canal.

3. Les chemins de fer en France. — Cette carte n'indique que les principaux chemins de fer, c'est-à-dire ceux qui transportent le plus de voyageurs et de marchandises, les trains les plus nombreux et les plus rapides. Vous voyez que presque tous partent de Paris.

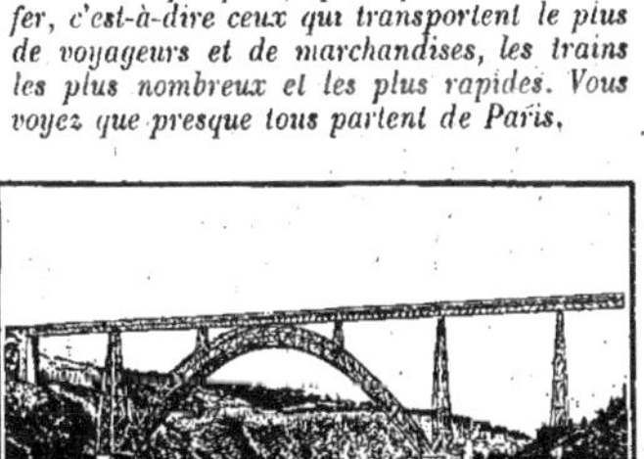

4. Le viaduc de Garabit. — Dans les montagnes, pour que les trains n'aient pas à gravir de trop fortes pentes, on a construit en certains points des ponts immenses qui franchissent les vallées : ce sont des viaducs. Celui que vous voyez ici est situé dans le Massif Central. Il est tout en fer. Ailleurs, on a percé à travers les montagnes des chemins souterrains par où passent les trains : ce sont des tunnels.

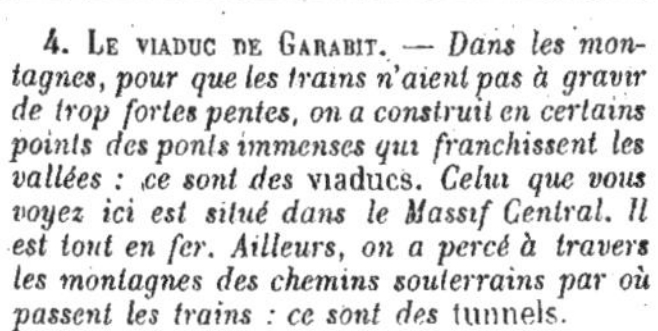

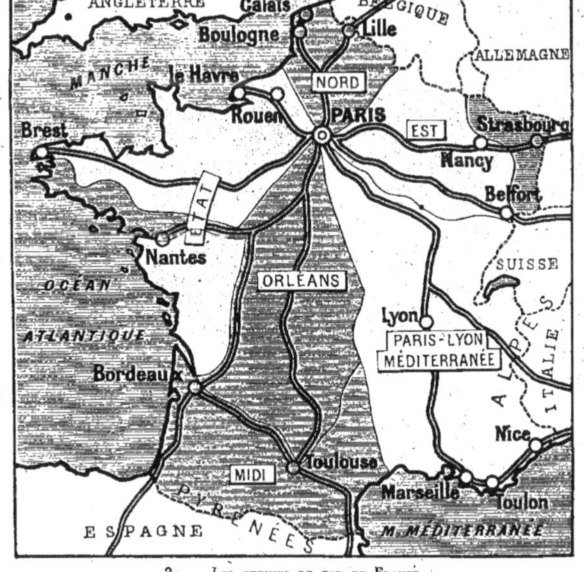

3. — LES CHEMINS DE FER EN FRANCE.

26ᵉ Leçon.

82. L'agriculture en France. — L'agriculture est le travail qui se fait dans les champs et qui nous permet de recueillir les *plantes utiles.*

En France, il fait partout assez chaud et il tombe partout assez d'eau pour que l'on puisse cultiver des plantes utiles.

83. Variétés des produits de l'agriculture française. — En France, on ne cultive pas partout les mêmes plantes utiles.

1° *On ne cultive pas les mêmes plantes dans les pays humides que dans les pays secs.* — La vigne n'est pas cultivée dans les pays voisins de la Manche, parce que les pluies d'automne empêchent le raisin d'y mûrir.

2° *On ne cultive pas les mêmes plantes dans les pays chauds que dans les pays frais.* — L'olivier est cultivé dans les pays voisins de la Méditerranée, parce qu'il y fait plus chaud que dans le reste de la France.

3° *On ne cultive pas les mêmes plantes dans les pays de sols différents.* — Le blé et la betterave à sucre poussent bien dans les sols qui contiennent de la chaux. Les pommes de terre et le sarrasin poussent bien dans les sols qui ne contiennent pas de chaux. L'herbe et les fourrages qui servent à nourrir les bestiaux poussent bien dans les sols qui contiennent de l'argile, parce que l'argile tient le sol humide.

84. Le blé et la vigne. — Les deux plus importants produits de l'agriculture française sont : 1° le *blé*, qui donne le pain; 2° le *vin*, produit de la vigne.

On cultive le *blé* partout, excepté dans les hautes montagnes, où il fait trop froid. Mais on obtient le blé le plus riche en farine dans les plaines qui contiennent de la chaux. Les principales sont les *plaines du Nord*, de la *Brie*, de la *Beauce* et de la *Garonne*.

On cultive la *vigne* partout, excepté dans les pays voisins de la Manche. Mais on obtient les vins les plus abondants dans le *Languedoc* et dans les *pays de la Loire*. On obtient les vins les meilleurs dans le *Bordelais*, dans la *Bourgogne* et dans la *Champagne*.

27ᵉ Leçon.

85. Autres cultures. — On cultive beaucoup d'autres plantes utiles en France, par exemple :

1° L'*avoine*, l'*orge*, le *seigle*, le *sarrasin* et le *maïs*, qui sont des céréales produisant de la farine, comme le blé. L'orge et l'avoine nourrissent aussi les chevaux;

2° La *betterave*, dont on fait le sucre;

3° L'*olive*, dont on fait l'huile;

4° Les *fruits* et les *légumes*;

5° Le *lin* et le *chanvre*, dont on fait la toile.

86. L'élevage en France. — L'élevage est le travail qui se fait dans les prés et dans les étables, où l'on nourrit et où l'on dresse les *animaux utiles.*

Les animaux utiles sont ceux qui nous servent pour tirer ou porter les fardeaux, ceux dont nous mangeons la viande et le lait, ceux dont nous utilisons la laine ou le cuir pour nous vêtir.

87. Principaux produits de l'élevage français. — En France, on élève surtout des bœufs et des vaches, des moutons, des chevaux.

On élève les *bœufs* et les *vaches* dans les plaines humides et dans les parties bien arrosées des montagnes. Grâce à l'eau, l'herbe y est forte : or les bœufs et les vaches ont besoin d'une nourriture abondante. On peut citer les bœufs et les vaches de la *Normandie*, de la *Bretagne*, du *Limousin*, des *Alpes*, du *Jura*, des *Vosges*, du *Morvan* et de l'*Auvergne*.

On élève les *moutons* dans les plaines sèches et dans les parties mal arrosées des montagnes. A cause du manque d'eau, l'herbe y est maigre : or les moutons se contentent d'une nourriture peu abondante. On peut citer les moutons de *Champagne*, du *Berry* et des montagnes voisines de la *Méditerranée*.

On élève les meilleurs *chevaux* dans le *Boulonnais*, la *Normandie* et le *Perche*.

Partout on élève des *porcs* et des *volailles*.

Dans les pays voisins de la Méditerranée, on peut élever les *vers à soie* qu'on nourrit avec les feuilles des mûriers.

Questions. — 82. Qu'est-ce que l'agriculture? — 83. Pourquoi ne cultive-t-on pas la vigne dans les pays voisins de la Manche? Pourquoi cultive-t-on l'olivier dans les pays voisins de la Méditerranée? Où poussent bien le blé et la betterave à sucre? les pommes de terre et le sarrasin? l'herbe et les fourrages? — 84. Quels sont les pays de France où l'on obtient le blé? les vins les meilleurs?

Le blé et le sarrasin poussent-ils dans les mêmes terrains? La betterave et la pomme de terre poussent-elles dans les mêmes terrains?

RÉSUMÉ. — En France, on peut cultiver partout des plantes utiles. Mais les cultures varient avec le climat et avec le sol de chaque région.

En France, les deux cultures les plus importantes sont : la culture du *blé*, qui réussit particulièrement dans les plaines du Nord, de la Beauce et de la Garonne, et la culture de la *vigne*, qui réussit particulièrement dans le Languedoc, dans le Bordelais, dans la Bourgogne et dans la Champagne.

Questions. — 85. Quelles autres céréales que le blé cultive-t-on en France? Que fait-on avec la betterave? avec l'olive? avec le lin et le chanvre? — 86. Qu'est-ce que l'élevage? A quoi servent les animaux utiles? — 87. Citez des pays où l'on élève beaucoup de bœufs et de vaches; beaucoup de moutons; les meilleurs chevaux. Quels autres animaux élève-t-on encore en France?

Pourquoi y a-t-il beaucoup de bœufs et de vaches dans les plaines humides et dans les montagnes arrosées?

RÉSUMÉ. — Les autres plantes utiles cultivées en France sont des céréales comme l'avoine, l'orge et le seigle, la betterave, l'olive, les légumes et les fruits, le lin et le chanvre.

En France on élève beaucoup d'animaux utiles.

On y élève principalement des *bœufs* et des *vaches* dans la Normandie, la Bretagne et le Limousin; des *moutons* dans la Champagne et le Berry; des *chevaux* dans la Normandie, le Boulonnais et le Perche.

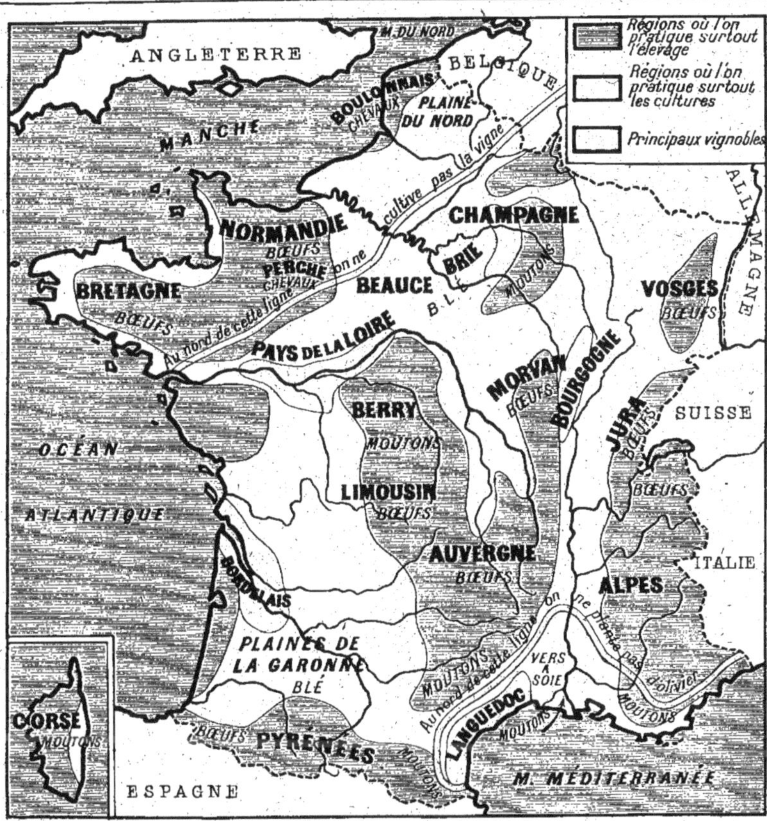

1. AGRICULTURE ET ÉLEVAGE EN FRANCE. — Les régions teintées de vert sont celles où l'on pratique surtout l'élevage, mais non point uniquement l'élevage: elles ont aussi des cultures. De même, les régions teintées de jaune sont celles où l'on pratique surtout les cultures, mais non point uniquement les cultures; on y élève aussi des animaux utiles.

Vous remarquerez que l'élevage est pratiqué dans toutes les montagnes. C'est parce que les montagnes ont leurs sommets couverts de prairies, où le bétail monte pâturer pendant l'été, comme vous le verrez à la page 34.

Cherchez maintenant quelles sont les plaines où l'on pratique plutôt l'élevage que la culture. Presque toutes sont voisines de la Manche et de l'Océan Atlantique. C'est parce que le voisinage de la mer y fait tomber beaucoup de pluie, et que la pluie fait pousser l'herbe des prairies.

2. — UN VIGNOBLE EN CHAMPAGNE.

3. — UN PATURAGE A BŒUFS EN NORMANDIE.

4. — UNE PATURE A MOUTONS PRÈS DE LA MÉDITERRANÉE.

2. UN VIGNOBLE EN CHAMPAGNE. — C'est le moment de la vendange. Le raisin que l'on recueille dans de grands paniers servira à faire le vin de Champagne, mousseux et pétillant, qu'on vend dans le monde entier.

3. UN PATURAGE A BŒUFS EN NORMANDIE. — Il faut aux bœufs une herbe abondante, que l'on trouve dans les pays humides.

4. UNE PATURE A MOUTONS PRÈS DE LA MÉDITERRANÉE. — Les moutons se contentent de l'herbe rare des pays secs.

28ᵉ Leçon.

88. L'industrie en France. — L'industrie est le travail qui se fait dans les mines, dans les usines et dans les ateliers.

On tire des *mines* la houille, qui chauffe et fait marcher les machines, et les minerais que l'on fond pour obtenir les métaux.

On fabrique dans les *usines* et dans les *ateliers* toutes sortes d'objets qui sont faits : 1° avec les *minéraux* tirés de la terre; 2° avec les *végétaux* cultivés sur la terre; 3° avec les restes des *animaux* élevés sur la terre.

1° Objets fabriqués avec les produits des mines. — Avec le fer, le cuivre et les autres métaux, on fait des machines, des outils, des canons, etc.

2° Objets fabriqués avec les produits des plantes. — Avec la betterave, on fait du sucre. Avec le lin et le chanvre, on fait de la toile. Avec le coton, on fait des tissus. Avec le bois, on fait des meubles, du papier.

3° Objets fabriqués avec les produits des animaux. — Avec la laine des moutons, on fait du drap. Avec la soie des vers à soie, on fait des soieries. Avec le cuir des bœufs, des veaux, des moutons et des chèvres, on fait des souliers, des courroies, des gants, etc.

89. Les mines. — Les mines de la France produisent surtout la houille et le fer.

La *houille* est produite par le grand *bassin houiller du Nord* et par les *bassins du Massif Central* et de la *Sarre*.

Le *fer* est produit par le grand *bassin minier de Lorraine* et par le *bassin de Normandie*.

90. L'industrie du fer. — Comme la France produit beaucoup de fer, elle possède beaucoup d'usines où l'on fabrique des machines.

Les plus grandes usines du fer sont dans la *région du Nord*, dans la *région de l'Est* et dans le Centre de la France, à *Saint-Etienne* et au *Creusot*.

29ᵉ Leçon.

91. L'industrie des aliments. — La France, ayant de riches cultures, possède beaucoup d'usines qui fabriquent des aliments et des boissons.

Dans les pays qui produisent du blé, des *minoteries* le transforment en farine. Dans les pays qui produisent de l'orge et du houblon, des *brasseries* fabriquent de la bière. Dans les pays qui produisent des olives, des *huileries* extraient l'huile. Dans les pays qui produisent des betteraves, des *sucreries* les transforment en sucre. Dans les pays qui produisent des légumes, on fabrique *des conserves* de *légumes*. Dans les pays voisins de la mer, on fabrique des *conserves de poissons* (sardines à l'huile, etc.).

92. L'industrie des tissus. — La France, produisant le lin et élevant des moutons et des vers à soie, possède beaucoup d'usines où l'on tisse en France des *toiles*, des *lainages* et des *soieries*.

Mais dans les usines de la France on tisse beaucoup plus de lin, de chanvre, de laine et de soie que la France en produit : il faut donc que ces usines en achètent aux pays étrangers. Dans d'autres usines, on tisse aussi des *cotonnades*, mais, comme le climat de la France ne permet pas la culture du coton, il faut que ces usines achètent du coton aux pays de la zone chaude, où le coton pousse.

Les plus grands tissages de laine, de coton et de lin sont dans la *région du Nord*.

Les plus grands tissages de soie sont dans la *région de Lyon*.

93. L'industrie de luxe. — La France possède de nombreux ateliers où l'on fabrique des objets de luxe d'une grande valeur; ces objets doivent cette valeur à la matière dont ils sont faits, mais surtout à l'habileté des artisans qui les fabriquent.

Tels sont les *meubles*, les *bijoux*, les *robes* à la mode française, qui se vendent dans tous les pays du monde. La plupart sont fabriqués ou faits à *Paris*.

Questions. — 88. Qu'est-ce que l'industrie? Que tire-t-on des mines? Que fait-on dans les usines et dans les ateliers? Citez des objets fabriqués avec les produits des mines; avec les produits des plantes; avec les produits des animaux. — 89. Par quels bassins houillers est produite la houille en France? Par quels bassins miniers est produit le fer? — 90. Où se trouvent les plus grandes usines de fer en France?

Regardez la carte de l'industrie en France (p. 31). Où se trouvent les grandes régions industrielles? Quelle est la partie de la France où il n'y a aucune grande région industrielle?

RÉSUMÉ. — L'industrie est le travail qui se fait dans les mines, dans les usines et dans les ateliers.

La France a des mines de houille dans le Nord et dans le Massif Central; elle a des mines de fer, surtout en Lorraine.

En France, le travail du fer se fait surtout dans les régions du Nord et de l'Est et, dans le Centre de la France, à Saint-Etienne et au Creusot.

Questions. — 91. Pourquoi y a-t-il beaucoup d'usines fabriquant des aliments et des boissons en France? Dans quels pays y a-t-il des minoteries? des brasseries? des huileries? des sucreries? des fabriques de conserves de légumes? des fabriques de conserves de poissons? — 92. Pourquoi tisse-t-on en France des toiles, des lainages et des soieries? Où sont en France les plus grands tissages de laine? de coton? de lin? de soie? — 93. Citez des objets de luxe de grande valeur que l'on fabrique à Paris.

Pourquoi les usines françaises achètent-elles à l'étranger du lin, du chanvre, de la laine, de la soie? Pourquoi lui achètent-elles du coton?

RÉSUMÉ. — La France a des industries alimentaires : minoterie, brasserie, sucrerie, fabrication des conserves.

La France a des industries de tissus : fabrication des draps, des cotonnades et des toiles dans la région du Nord surtout; des soieries dans la région de Lyon.

La France produit beaucoup d'objets de luxe d'un grand prix, tels que meubles, bijoux, articles de mode; la plupart de ces objets sont fabriqués à Paris.

1. L'INDUSTRIE EN FRANCE. — Les grandes régions industrielles de la France sont situées dans le Nord ou dans l'Est de la France. Sauf la région parisienne, toutes sont situées au voisinage de mines de houille ou de mines de fer. Pouvez-vous expliquer pourquoi il y a toujours beaucoup d'usines auprès des mines de houille? Savez-vous quelles usines on trouve auprès des mines de fer?

Sur cette carte vous ne voyez indiquées que les régions de France où il y a des usines très puissantes et très nombreuses. Mais dans tous les pays en France il y a quelque industrie; dans chaque ville, dans presque tous les villages on trouve des gens dont le métier est de fabriquer des objets ou des aliments.

Dans la ville ou le village que vous habitez, y a-t-il une usine? Qu'y fabrique-t-on? Ou bien y a-t-il des artisans qui fabriquent certains objets chez eux? Lesquels?

3. — UNE VILLE INDUSTRIELLE : LE CREUSOT.

4. — UN ARTISAN LYONNAIS.

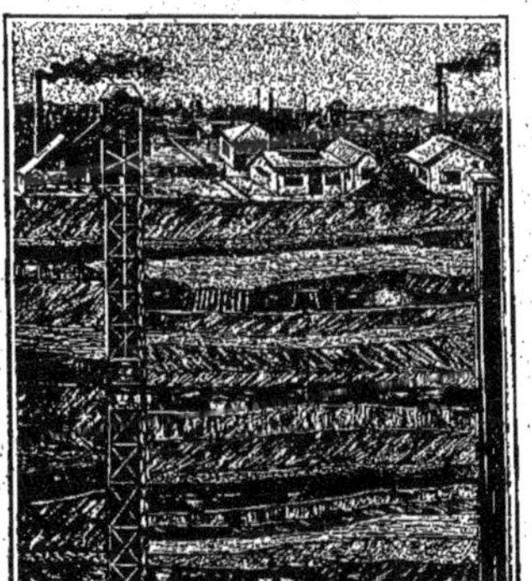
2. — COUPE D'UNE MINE DE HOUILLE.

2. COUPE D'UNE MINE DE HOUILLE. — Dans la terre, on a creusé des galeries, où l'on descend et d'où l'on remonte par un puits, au moyen d'un ascenseur. Dans chaque galerie, on arrache le charbon du sol à coups de pioche, et on le transporte dans des wagonnets jusqu'à l'ascenseur qui le monte à la surface du sol.

3. UNE VILLE INDUSTRIELLE : LE CREUSOT. — Le Creusot est dans le Centre de la France.

4. UN ARTISAN LYONNAIS. — C'est un artisan de la ville de Lyon, qui tisse dans sa maison des étoffes de soie pour le compte des grands fabricants de Lyon.

30ᵉ Leçon.

94. Le commerce intérieur de la France. —

Faire du commerce, c'est *vendre* et *acheter* des objets.

En France, les cultivateurs des campagnes récoltent plus de blé, plus de vin, plus de légumes qu'ils n'en ont besoin. Ils *vendent* le surplus dans les villes.

En France, les ouvriers des villes fabriquent plus de machines, plus de tissus, plus d'objets de luxe qu'ils n'en ont besoin. Ils *vendent* le surplus dans les campagnes.

En France, il y a des régions, comme la région du Nord, qui fabriquent beaucoup de tissus et de machines : elles en *vendent* beaucoup dans les autres régions de la France. Mais elles *achètent* dans ces régions de la laine, du lin ou du fer pour en faire des tissus ou des machines ; elles *achètent* aussi du blé, de la viande et des légumes pour nourrir leurs nombreux ouvriers.

Il y a donc un commerce continuel entre les différentes parties de la France : c'est ce qu'on appelle le *commerce intérieur* de la France.

95. Le commerce extérieur de la France. —

Les campagnes de France produisent certains aliments en si grande quantité que la population française ne peut pas tout consommer. Les usines de France fabriquent certains objets en si grande quantité que la population française ne peut pas tout acheter. Le surplus de ces aliments et de ces objets est *vendu* aux autres pays.

Les campagnes de France ne produisent pas certains aliments que la population française consomme. Les usines de France fabriquent des objets avec certaines matières que l'on ne trouve pas en France. Ces aliments et ces matières sont *achetés* aux autres pays.

Il y a donc un commerce continuel entre la France et les autres pays : c'est ce qu'on appelle le *commerce extérieur* de la France.

31ᵉ Leçon.

96. Ce que la France vend aux autres pays.

— La France vend aux autres pays ses meilleurs *vins*, ses meilleurs *légumes* et ses meilleurs *fruits*. L'agriculture française enrichit ainsi la France.

La France vend aux autres pays ses plus beaux *objets de laine*, ses plus belles *soieries*, une partie de ses *lainages*, de ses *cotonnades*, de ses *machines*, de son *fer*. L'industrie française enrichit ainsi la France.

On appelle *exportation* ce que la France vend aux autres pays.

97. Ce que la France achète aux autres pays.

— La France achète aux autres pays des produits végétaux qui ne peuvent être obtenus que dans la zone chaude : le *café* et le *thé*, le *cacao*, le *riz*, le *coton*, le *caoutchouc*, etc.

La France achète aux autres pays des minéraux qu'on ne trouve pas dans son sol : l'*or*, l'*argent*, le *cuivre*, le *nickel*, le *pétrole*, etc.

La France achète enfin aux autres pays des végétaux ou des minéraux qu'elle produit elle-même, mais en quantité insuffisante : la *laine*, la *soie*, la *houille*.

On appelle *importation* ce que la France achète aux autres pays.

98. Les ports de commerce de la France. —

La France fait du commerce avec les autres pays, soit par les chemins de fer et les canaux, soit par la mer. Pour le commerce par mer, elle possède des *ports* où ses *navires marchands* viennent débarquer ce que la France importe et viennent embarquer ce que la France exporte.

Les huit principaux ports de commerce français sont : *Dunkerque*, situé sur la Mer du Nord ; *Rouen* et *le Havre*, situés sur l'estuaire de la Seine ; *Nantes* et *Saint-Nazaire*, situés sur l'estuaire de la Loire ; *Bordeaux*, situé sur l'estuaire de la Gironde ; *Cette* et *Marseille*, situés sur la Méditerranée.

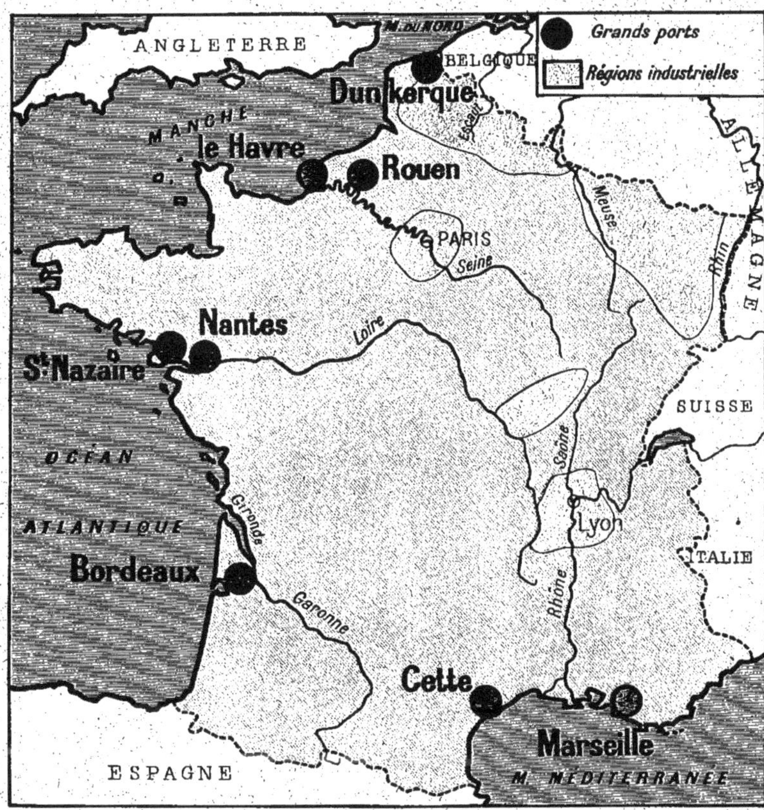

1. Carte du commerce extérieur de la France. — Vous voyez indiqués sur cette carte les grands ports de commerce de la France. C'est par eux que sont importés les produits que les Français achètent aux pays étrangers, excepté ceux qu'ils achètent aux pays de l'Europe et qui arrivent par chemin de fer. C'est par eux que sont exportés les produits que les Français vendent aux pays étrangers, excepté ceux qu'ils vendent aux pays de l'Europe, et qui partent par chemin de fer.

Sur cette carte sont marquées également les grandes régions industrielles qui font beaucoup de commerce avec les pays étrangers. Trouvez quels sont, d'après leur situation, les ports qui servent au commerce des trois régions industrielles suivantes : 1° de la région industrielle du Nord; 2° de la région industrielle de Paris; 3° de la région industrielle de Lyon.

2. Le port du Havre. — *Le Havre est après Marseille (voir la fig. 5 de la p. 37) notre plus grand port de mer. Il est situé sur la côte de la Manche, à l'embouchure de la Seine. Au Havre, on s'embarque pour l'Amérique, qui est située de l'autre côté de l'Océan Atlantique. Vous voyez là, sortant du port, traîné par un remorqueur, un de ces grands paquebots qui portent des milliers de voyageurs (voir la fig. 6 de la page 37).* (Phot. Neurdein.)

3. Les halles centrales a Paris. — *Voici les Halles Centrales de Paris, où les campagnes et les côtes voisines envoient la viande, les légumes, les fruits et les poissons qui nourrissent la population de la capitale.* (Phot. Lévy.)

32ᵉ Leçon.

99. Les régions de la France. — La France se divise en douze régions qui sont : 1° la région du Nord ; 2° la région de l'Est ; 3° la région du Bassin Parisien ; 4° la région de la Bretagne ; 5° la région de l'Ouest ; 6° la région du Massif Central ; 7° la région du Bassin Aquitain ; 8° la région des Pyrénées ; 9° la région des Alpes ; 10° la région du Jura ; 11° la région du Bassin Rhodanien ; 12° la région Méditerranéenne.

Les habitants ne vivent pas de la même façon dans toutes ces régions parce qu'ils ne trouvent pas les mêmes ressources à utiliser. Ainsi les habitants des montagnes ne vivent pas de la même façon que ceux des plaines ; les habitants des côtes ne vivent pas de la même façon que ceux des régions industrielles.

100. Exemple d'une région de plaine. La Beauce. — La Beauce est une plaine située dans la région du Bassin Parisien.

La Beauce est plate comme la surface d'une table. Autour des villages, la Beauce s'étend toute plate à perte de vue. Les routes qui la traversent sont plates ; elles filent tout droit à travers les champs.

Le sol de la Beauce renferme beaucoup de calcaire ; le calcaire est une pierre comme la craie, qui n'est pas très dure et qui ne retient pas l'eau. Aussi l'eau de pluie filtre au travers. En Beauce, pour trouver de l'eau, il faut donc creuser des puits très profonds : cela coûte cher. Aussi il n'y a qu'un puits pour chaque village. Les maisons des villages sont bâties autour du puits.

Sur le calcaire de la Beauce, il y a une couche de terre très fertile. Aussi l'on y cultive le blé. En été, la plaine est couverte par les épis jaunes du blé. Après la moisson, de nombreux troupeaux de moutons sortent des étables pour pâturer dans les chaumes.

Le *blé* et les *moutons*, voilà les deux richesses de la Beauce.

33ᵉ Leçon.

101. Exemple d'une région de montagnes. La Savoie. — La Savoie est un pays de montagnes situé dans la région des Alpes.

Les habitants des Alpes ont bâti leurs villages dans les vallées parce qu'il fait moins froid dans les vallées que sur le sommet des montagnes.

Pourtant, en hiver, la neige couvre les vallées aussi bien que les hauts sommets. Aussi les villages sont silencieux pendant l'hiver ; la plupart des habitants restent dans leurs maisons, et les vaches restent au chaud dans leurs étables, où elles mangent le foin que l'on a récolté dans les prairies pendant l'été et que l'on a fait sécher pour l'hiver.

Au printemps la neige fond, excepté sur les hauts sommets. Aussi les villages se réveillent au début du printemps.

Les habitants font alors sortir les grands troupeaux de vaches hors des étables où elles ont passé l'hiver. Ils les emmènent dans la montagne. Ils montent à travers de belles forêts de sapins pendant plusieurs jours. Au-dessus des forêts, ils arrivent dans des prairies, qui s'étendent jusqu'aux sommets neigeux.

Ils restent là avec leurs troupeaux pendant tout l'été. Les vaches couchent en plein air et pâturent la bonne herbe, gardées par les vachers. Les vachers recueillent chaque jour le lait et font de gros fromages qui se conservent et se vendront aux villes.

A l'automne, les Savoyards font redescendre leurs troupeaux vers le village. En traversant les forêts, ils rencontrent les bûcherons qui viennent abattre et couper du bois pendant tout l'hiver : avec ce bois, on fait des planches, des meubles, des jouets de bois et même du papier.

Le *laitage* et le *bois*, voilà les deux richesses de la Savoie.

Questions. — 99. Combien y a-t-il de régions en France ? Nommez celles que vous connaissez. En vous aidant de la carte page 35, nommez des villes qui appartiennent à chacune des 12 régions de la France. Les habitants des différentes régions de la France vivent-ils tous de la même façon et pourquoi ? — 100. La Beauce est-elle une plaine ou une montagne ? Dans quelle partie de la France est située la Beauce ? Comment sont les routes qui la traversent ? Pour trouver de l'eau en Beauce faut-il creuser des puits profonds ou peu profonds ? Pourquoi ? Y a-t-il un ou plusieurs puits par village ? Les maisons de Beauce sont-elles serrées les unes contre les autres ou très espacées ? Pourquoi cultive-t-on le blé en Beauce ? A quoi servent les champs de Beauce après la moisson ? Quelles sont les deux richesses de la Beauce ?

RÉSUMÉ. — **La France comprend diverses régions. Les habitants ne vivent pas de la même façon dans toutes les régions de la France.**
La Beauce est un exemple de région de plaine. Elle est plate. Les eaux filtrent dans le sol. On ne peut avoir de l'eau qu'en creusant des puits profonds. Les maisons des villages sont serrées autour des puits. Le sol fertile de la Beauce produit du blé. On y élève des moutons.

Questions. — 101. La Savoie est-elle un pays de plaines ou de montagnes ? Dans quelle région de la France est-elle située ? Où sont bâtis les villages des habitants des Alpes ? Pourquoi ? En hiver, y a-t-il en Savoie de la neige seulement sur les hauts sommets ? Où bien y en a-t-il aussi dans les vallées ? Que font la plupart des habitants de la Savoie en hiver ? Où sont leurs vaches en hiver ? Que font les habitants de la Savoie au printemps ? Où pâturent leurs vaches en été ? A quelle époque les vaches rentrent-elles à l'étable ? Comment appelle-t-on les Savoyards qui gardent les vaches en été dans la montagne ? Que fabriquent-ils en gardant les vaches ? Quel métier font d'autres Savoyards ? Que fait-on avec le bois des forêts de la Savoie ? Quelles sont les deux richesses des montagnes de Savoie ?

RÉSUMÉ. — **La Savoie est un exemple de région de montagnes. Les villages sont construits à l'abri dans les vallées.**
En hiver, les habitants restent dans leurs maisons, et les vaches dans leurs étables.
En été, les troupeaux montent aux pâturages de montagnes, où les vachers fabriquent des fromages. D'autres Savoyards abattent les arbres de la forêt.

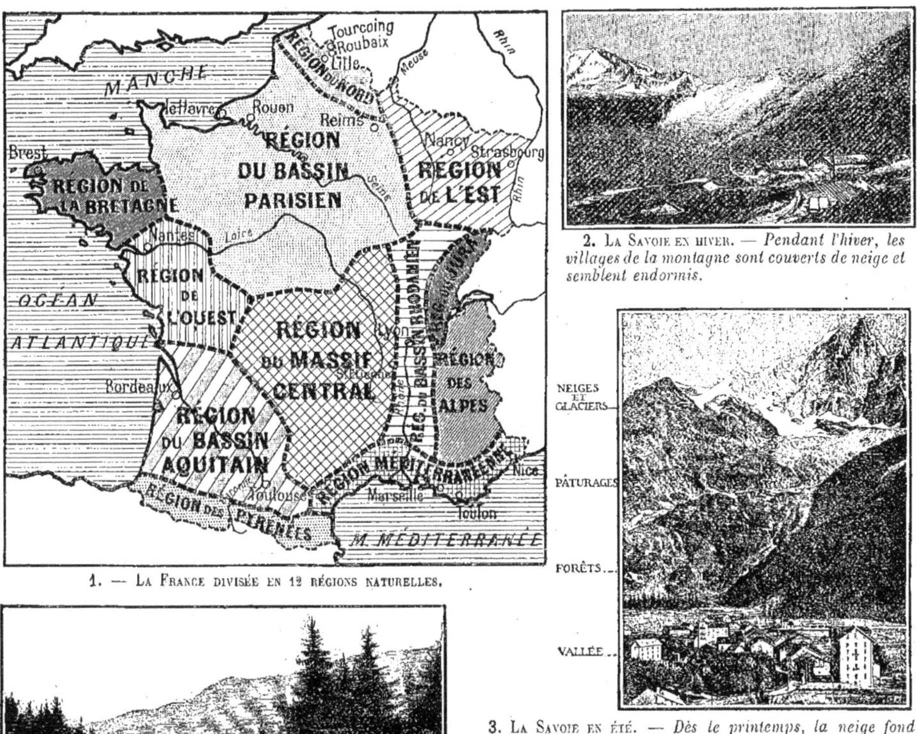

1. — La France divisée en 12 régions naturelles.

2. La Savoie en hiver. — *Pendant l'hiver, les villages de la montagne sont couverts de neige et semblent endormis.*

3. La Savoie en été. — *Dès le printemps, la neige fond dans les vallées et sur les pentes des montagnes ; elle ne reste que sur les hauts sommets. Entre les vallées et ces hauts sommets on voit les forêts qui couvrent les pentes des montagnes. Puis, plus haut, on voit de beaux pâturages à l'herbe épaisse. Les vaches qui mangent cette herbe donnent un lait abondant, riche en crème, avec lequel on fait du bon beurre et du bon fromage. Les troupeaux, qui restent pendant l'hiver à l'abri, dans les étables des villages de la vallée, montent pendant l'été sur ces beaux pâturages, et leurs vachers fabriquent avec leur lait le beurre et le fromage qu'on vend aux habitants des villes.*

4. Un pâturage d'été en Savoie. — *Les bêtes restent là pendant tout l'été, paissant l'herbe épaisse et couchant en plein air.*

5. La Beauce. — *La Beauce est une plaine plate. Au moment de la moisson, les gerbes de blé la couvrent à perte de vue. Quand les blés sont dans les granges, les moutons sortent des étables pour pâturer les chaumes. Alors la Beauce a le même aspect que la Champagne, que vous avez vue à la p. 9 (fig. 1).*

6. Un village en Beauce. — *Il est difficile de trouver de l'eau en Beauce : il faut y percer des puits très profonds, dont la construction coûte cher. Aussi il n'y a qu'un puits par village. Les maisons du village sont bâties autour du puits. Savez-vous ce qu'est cette masse ronde et pointue qui est à droite? (Phot. Hittier.)*

34ᵉ Leçon.

102. Exemple d'une région bordée par la mer. La côte de Bretagne. — La côte de la Bretagne est creusée par de nombreuses baies. Au fond de chaque baie, il y a un village.

Si l'on traverse ces villages pendant la journée, on n'y voit guère que des vieillards et des enfants.

Les hommes sont sur la mer, dans de petits bateaux qui marchent à la voile : ils pêchent au filet des sardines, des thons, beaucoup d'autres poissons, des homards. A la belle saison, les bateaux partent tous les jours de très bon matin vers la haute mer. Au coucher du soleil, les bateaux reviennent. On en sort de grandes corbeilles pleines de poissons, qu'on expédie par chemin de fer dans les grandes villes.

Il y a d'autres pêcheurs de la côte de Bretagne qui naviguent sur de plus grands bateaux qui marchent où à la voile ou à la vapeur. Ces pêcheurs restent longtemps sur la mer. Ils partent au début de la belle saison, et ils vont dans les mers lointaines pêcher les morues et les harengs qu'ils entassent dans des tonneaux avec du sel pour les conserver. Ils reviennent avant l'hiver avec leurs grands bateaux pleins de poissons salés qu'on expédie aussi par le chemin de fer vers les grandes villes.

Pendant ce temps, les femmes travaillent dans les champs voisins. Ces champs produisent des légumes de toutes sortes : des pommes de terre, des oignons, des artichauts, etc. Pourquoi? Parce qu'on trouve sur le bord de la mer des végétaux que l'on appelle *algues* et *goémons*, et des coquilles, qui contiennent de la chaux : ces végétaux et ces coquilles sont des engrais excellents qui rendent le sol très fertile. Les légumes sont expédiés également dans les grandes villes.

Les *poissons* et les *légumes*, voilà les deux richesses de la côte de Bretagne.

RÉSUMÉ. — La côte de Bretagne est un exemple de région bordée par la mer.

Les villages de la côte de Bretagne sont habités par des pêcheurs. Les uns pêchent près des côtes les sardines, les thons et les homards; les autres vont pêcher au loin les morues et les harengs. Grâce aux engrais marins, les champs qui entourent ces villages produisent des légumes de toutes sortes : pommes de terre, oignons, artichauts, etc.

Les deux richesses de la côte de Bretagne sont les poissons et les légumes.

35ᵉ Leçon.

103. Exemple d'une région d'industrie. La région du Nord. — La région du Nord est une plaine comme la Beauce; mais son sol est noir. Elle est couverte de rangées de maisons appelées *corons*, qui sont noires, car tout est couvert par la poussière de la houille, ou charbon de terre. Elle est hérissée de grandes cheminées d'usines, qui vomissent une fumée noire. La région du Nord mérite le nom de *pays noir*, parce que son sol renferme de la houille.

Beaucoup d'habitants travaillent sous la terre, dans les mines d'où l'on tire la houille. La houille, une fois montée sur le sol, est portée aux usines, où elle chauffe et fait tourner les machines. Ou bien elle est embarquée sur la rivière voisine ou sur le canal voisin dans des péniches. Sur le bord du canal, on a construit des quais en pierre, sur lesquels un petit chemin de fer apporte la houille de la mine. Des machines qui marchent à la vapeur se trouvent sur le quai. Elles ont de longs bras de fer d'où descendent des chaînes. On appelle ces machines des *grues*. Les chaînes des grues prennent les wagonnets pleins de charbon, les amènent au-dessus des péniches, et versent le charbon dans les péniches. Le charbon s'en ira pour être brûlé dans d'autres régions de la France.

D'autres habitants travaillent dans les usines. Dans certaines usines, on tisse, au moyen de machines, la toile, la laine, le coton. Dans d'autres usines, des machines forgent l'acier, fabriquent des rails, des outils, de nombreux objets. Le fil, la laine, le coton que l'on tisse dans les usines, le fer et l'acier qu'on y forge et dont on fait de nombreux objets, ont été amenés, par les chemins de fer ou par les péniches, de régions lointaines. Les tissus et les objets de fer ainsi fabriqués sont expédiés par le même moyen vers tous les pays auxquels on les vend.

La *houille* et les *objets fabriqués*, voilà les deux richesses de la région du Nord.

RÉSUMÉ. — La région du Nord est un exemple de région d'industrie.

La région du Nord est une plaine qui possède des mines de houille. La houille, extraite de ses mines, est employée comme combustible dans les usines du pays, ou bien elle est transportée dans le reste de la France. Les usines de la région du Nord fabriquent des machines, des rails, des outils et des tissus de toile, de laine et de coton.

Les deux richesses de la région du Nord sont la houille et les objets fabriqués.

1. LES BATEAUX DE PÊCHE DE DOUARNENEZ EN BRETAGNE. — *Ces bateaux rentrent de la pêche à la sardine. Les sardines se pêchent avec de grands filets. Chaque bateau en rapporte des milliers. (Phot. Villard.)*

2. MISE EN BOÎTE DES SARDINES A L'HUILE. — *La plupart de ces sardines ne sont pas expédiées fraîches, mais conservées dans l'huile et mises en boîtes. Vous avez vu des boîtes de sardines à l'huile. Beaucoup viennent de Bretagne. (Phot. Gruyer.)*

3. UNE MINE DE HOUILLE DANS LE NORD. — *Vous voyez au fond, à droite de la cheminée, une grande charpente : c'est le dessus du puits de la mine (voyez comment est faite une mine, page 31, fig. 2). Au premier plan, vous voyez un canal et les péniches qui vont porter le charbon aux usines ou plus loin, jusqu'à Paris. (Phot. Beck.)*

4. UNE VILLE D'USINES DANS LE NORD. — *Cette ville s'appelle Hautmont. Elle est toute hérissée de cheminées, qui vomissent une fumée dont le ciel est assombri et dont les maisons sont noircies. A Hautmont, on travaille dans les usines le fer et l'acier. Dans d'autres villes du Nord, on fabrique de la toile, du drap, des cotonnades, etc.*

5. LE PORT DE MARSEILLE. — *Marseille, sur la Méditerranée, est notre plus grand port de commerce. Vous voyez au loin les mâts des navires, qui attendent pour être déchargés. Plus près, vous voyez des ballots de marchandises et des wagons, sur les rails. Les wagons apportent de la gare les produits que la France envoie au loin : étoffes, machines, meubles, livres et objets d'art. Les wagons emporteront vers la gare les produits qui viennent de loin pour la France : blé, oranges, riz, thé, soie, laine, caoutchouc.*

6. UN GRAND PAQUEBOT. — *Ce paquebot, qui fait la traversée du Havre à New-York, s'appelle le « Paris ». Il a une longueur de 233 mètres, une largeur de 26 mètres, une hauteur de 21 mètres, dont plus de 11 mètres sont au-dessus de l'eau : c'est la hauteur d'une maison de trois étages. Il a quatre hélices, qui peuvent le faire marcher à une vitesse de quarante kilomètres à l'heure. Le « Paris », quand il est complet, transporte 3895 personnes; beaucoup de villes en France n'ont pas une population aussi nombreuse. (Phot. Branger.)*

36ᵉ Leçon.

104. La France a des colonies. — La France a des *colonies*. Les colonies françaises sont des territoires situés dans les diverses parties du monde et appartenant à la France.

La plupart des colonies françaises n'ont pas le même climat que la France : on y récolte des plantes utiles qui ne poussent pas en France. Ainsi la France peut se procurer, dans des pays qui lui appartiennent, un certain nombre des produits qu'elle ne trouve pas sur son propre sol.

105. Les indigènes et les colons. — Les colonies françaises sont surtout peuplées par des habitants qui y sont nés, et qui n'ont ni la même langue, ni les mêmes habitudes, ni souvent la même race et la même couleur que les Français. On appelle ces habitants des *indigènes*.

Mais les colonies françaises sont aussi peuplées par des Français, qui sont venus de notre pays pour s'y établir. On appelle ces Français des *colons*. Les colons français font du commerce avec les indigènes; ils cultivent le sol avec l'aide des indigènes; ils apprennent aux indigènes à travailler comme on travaille en France.

106. Énumération des colonies de la France. — La France a des colonies très nombreuses.

L'étendue totale de nos colonies est vingt et une fois aussi grande que l'étendue de la France. Un seul pays a plus de colonies que la France : c'est l'*Angleterre*.

Les principales colonies françaises sont :

1° En *Afrique* : l'*Afrique du Nord*, l'*Afrique Occidentale Française*, l'*Afrique Equatoriale Française* et *Madagascar*.

2° En *Asie* : l'*Indochine Française*.

3° En *Océanie* : l'île de la *Nouvelle-Calédonie*.

4° En *Amérique* · les *Antilles Françaises* et la *Guyane Française*.

Les plus grandes colonies de la France sont situées en Afrique et en Asie.

37ᵉ Leçon.

107. Afrique du Nord. — L'Afrique du Nord renferme nos trois plus belles colonies : 1° l'*Algérie* dont la capitale est le grand port d'*Alger*; 2° la *Tunisie*, dont la capitale est le grand port de *Tunis* 3° le *Maroc*, dont la capitale est la ville de *Fez*.

L'Afrique du Nord est voisine de la France; elle n'en est séparée que par la Méditerranée. Aussi le climat de l'Afrique du Nord ressemble. beaucoup à celui du Midi de la France. On y trouve donc les mêmes produits que dans le Midi de la France : le *blé*, le *vin* l'*huile*, les *légumes* et les *fruits*.

Les indigènes appartiennent à la race blanche : ce sont des *Arabes* et des *Kabyles*.

Comme le climat ressemble à celui du Midi de la France, il y a beaucoup de colons français dans l'Afrique du Nord.

108. Les autres colonies de la France en Afrique. — Les autres grandes colonies de la France en Afrique sont : 1° l'*Afrique Occidentale*, dont la capitale est le grand port de *Dakar*; 2° l'*Afrique Équatoriale*, capitale *Brazzaville*; 3° la grande île de *Madagascar*, capitale *Tananarive*.

Ces trois colonies sont situées dans la zone chaude. Leur climat, très chaud et très humide, diffère complètement du climat de la France. Les produits de ces colonies diffèrent donc des produits français. Les principaux sont : le *caoutchouc*, l'*huile de palme*, le *noix de coco* et l'*ivoire* des éléphants.

Les indigènes appartiennent surtout à la race noire ce sont des *Nègres*. Il y a peu de colons français.

109. L'Indochine Française. — L'Indochine Française renferme les belles colonies du *Tonkin*, de l'*Annam*, du *Cambodge* et de la *Cochinchine*. Sa capitale est *Hanoï*; son principal port est *Saïgon*.

L'Indochine est située dans la zone chaude. Son climat, chaud et humide, donne des produits différents des produits de la France : le *riz*, le *thé*, etc.

Les indigènes appartiennent à la race jaune : ce sont des *Annamites*. Il y a peu de colons français en Indochine.

Questions. — 104. Qu'est-ce que les colonies de la France? Qu'est-ce que la France peut se procurer dans ses colonies? Pourquoi? — 105. Comment s'appellent les habitants des colonies *nés dans les colonies?* Comment s'appellent les habitants des colonies *nés en France?* — 106. Quel est le seul pays qui a plus de colonies que la France? Quelles sont les colonies françaises en Afrique? en Asie? en Océanie? en Amérique?

RÉSUMÉ. — Les colonies françaises sont des territoires situés hors d'Europe et appartenant à la France.

Nos colonies sont peuplées d'indigènes, qui y sont nés, et de colons, qui sont venus de France.

Nos colonies ont une étendue totale qui est **20 fois** celle de la France.

Nous avons des colonies en Afrique, en Asie, en Océanie et en Amérique; mais les plus grandes de nos colonies sont en Afrique et en Asie

---

Questions. — 107. Citez avec leurs capitales les colonies françaises que renferme l'Afrique du Nord. Quels produits fournissent-elles? — Comment s'appellent les indigènes de l'Afrique du Nord? — 108. Citez les autres colonies françaises en Afrique. — 109. Quelles colonies renferme l'Indochine française? Quels sont ses produits? Comment s'appellent ses indigènes?

RÉSUMÉ. — L'Afrique du Nord comprend nos trois plus belles colonies : l'*Algérie*, cap. Alger; la *Tunisie*, cap Tunis; le *Maroc*, cap. Fez. Les indigènes de ces colonies sont les Arabes et les Kabyles, de race blanche.

Les autres colonies de la France en Afrique sont l'*Afrique Occidentale*, l'*Afrique Equatoriale* et la grande île de *Madagascar*. Les indigènes de ces colonies sont surtout des Nègres. L'Indochine française comprend le *Tonkin*, l'*Annam*, le *Cambodge* et la *Cochinchine*. Les indigènes de ces colonies sont des Annamites, de race jaune.

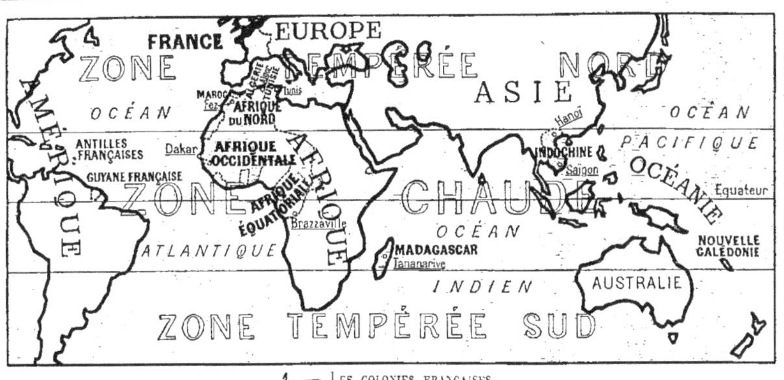

1. — LES COLONIES FRANÇAISES.

1. LES COLONIES FRANÇAISES. — La France a des colonies dans toutes les parties du monde. Vous savez quels sont les grands ports français et sur quelles mers ils se trouvent. Quels sont ceux de ces ports qui font du commerce avec nos colonies d'Afrique, d'Asie, d'Océanie, d'Amérique? Notez qu'un navire peut passer de la Méditerranée dans l'Océan Indien par un canal qui s'appelle le canal de Suez.

2. ALGER. LA VILLE ARABE. — *Alger est la capitale de notre belle colonie africaine : l'Algérie. Avant la conquête de l'Algérie par la France, il y avait là une ville construite par les Arabes : en voici une rue. Les femmes arabes ne sortent que la figure voilée.*

3. ALGER. LE PORT. — *Les Français ont construit à côté de la ville arabe une ville française, avec de belles maisons et un port. Le port d'Alger est un des plus grands ports de la Méditerranée. Il exporte vers la France, vers notre grand port de Marseille (voir p. 37, fig. 5), tous les produits de l'Algérie : blé, vin, huile, légumes, oranges, mandarines. En outre, la plupart des navires qui viennent de l'Océan Atlantique et se dirigent vers l'Océan Indien, en passant par la Méditerranée, s'arrêtent à Alger, afin de charger du charbon pour leurs machines.* (Phot. Neurdein.)

4. LES ANNAMITES CULTIVENT LE RIZ. — *Les Annamites, qui habitent l'Indochine, appartiennent à la race jaune.*

5. LE PALAIS DU ROI DU CAMBODGE. — *Le Cambodge, en Indochine, est administré par la France. Mais la France a laissé au Cambodge son roi indigène.*

LA FRANCE

16ᵉ Leçon. — *Phrases à compléter.* — 51. Le territoire de la France a une surface de ... kilomètres carrés. — 52. La France a la forme d'un .... — 53. La France est située en ..., dans la .... La France a trois de ses côtés qui sont ....

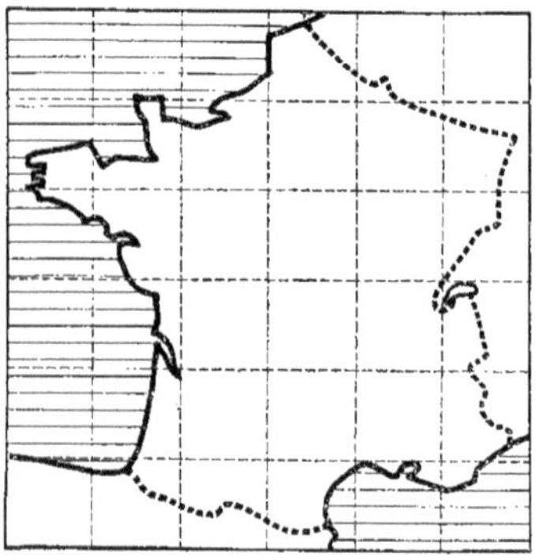

17ᵉ Leçon. — *Phrases à compléter.* — 54. Les mers qui bordent la France sont : la ... et la ... qui communiquent par le ...; l' ... qui forme la ...; la mer ... qui forme .... Les pays qui bordent la France sont : la ..., l' ..., la ...,l' ... et l' .... — 55. Le climat de la France est ..., c'est-à-dire qu'il n'est ni ..., ni ..., ni ..., ni ....

Fig. 1. — FRANCE : FRONTIÈRES.

Tracé. — Reproduisez les contours de la France d'après la carte ci-dessus (fig. 1); marquez-y les mers et les pays qui bornent la France.

RELIEF ET CÔTES DE LA FRANCE

18ᵉ Leçon. — *Phrases à compléter.* — 56. En France, il y a autant de ... que de ... et de .... — 57. Les principales montagnes de la France sont : le ... situé au milieu ...; les ... situées entre ...; les ... situées entre ...; le ... situé entre ... et les ... situées au nord du Jura. Le sommet le plus haut des montagnes françaises est ... situé dans ....

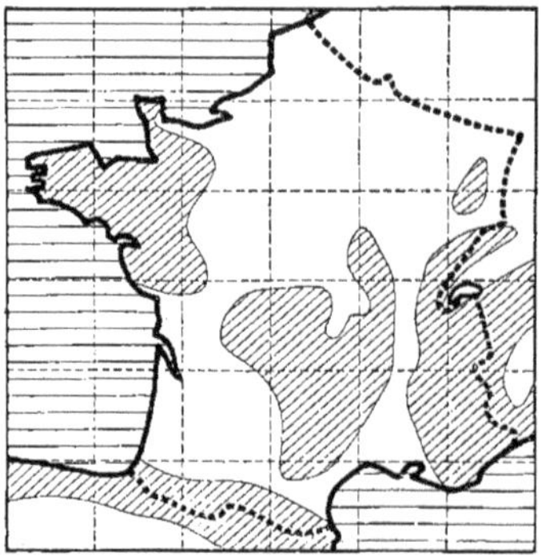

Fig. 2. — FRANCE : RELIEF ET CÔTES.

— 58. Les trois grandes plaines de la France sont : au Nord, le ...; au Sud-Ouest, le ...; au Sud-Est, le ....

Tracé. — Reproduisez la carte ci-dessus (fig. 2) qui repré-sente les principales montagnes de la France; marquez le nom de chacune de ces montagnes.

19ᵉ Leçon. — *Phrases à compléter.* — 59. Les côtes de la France qui sont basses et droites sont composées de ...; celles qui sont hautes et droites sont formées de ...; celles qui sont sinueuses sont formées de .... de ..., de..., de ... et de .... — 60. La côte de la Manche forme à l'Est les falaises de ... et de ...; elle forme à l'Ouest les presqu'îles de ... et de .... La côte de l'Océan Atlantique forme au Nord la presqu'île de ...; elle forme au Centre les falaises de ... et de ...; elle forme au Sud les plages et les dunes des .... La côte de la Méditerranée comprend à l'Ouest la côte du ... qui est... et elle comprend à l'Est la côte de ... qui est....

FLEUVES DE LA FRANCE

20ᵉ Leçon. — *Phrases à compléter.* — 61. En France, le plus grand lac est le ... qui appartient à ... et à .... — 62. Les fleuves de la France sont nombreux, mais ils ne sont pas .... — 63. Les quatre principaux fleuves de la France sont : ..., ..., ..., ... — 64. La Seine coule .... Elle passe à ..., ... Ses affluents de droite sont : ..., ..., ...; ses affluents de gauche sont : ..., ... La Seine se jette ....—65. La Loire commence .... Elle passe à ..., ... Son principal affluent de droite est ...; ses affluents de gauche sont : ..., ..., ..., ... La Loire se jette ....

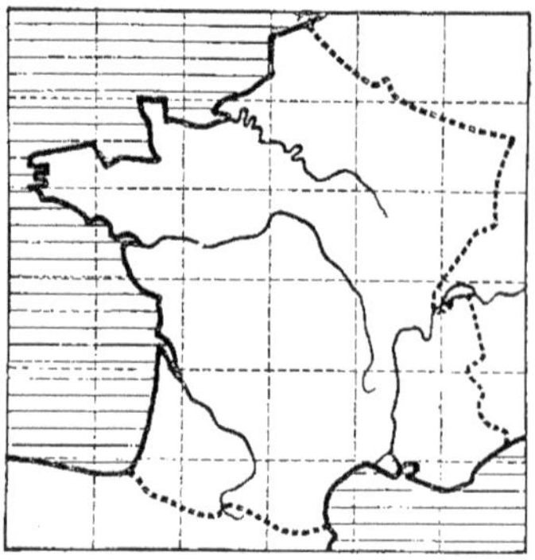

Tracé. — Dessinez, d'après la carte ci-dessus (fig. 3), le cours de la Seine et le cours de la Loire.

21ᵉ Leçon. — 66. La Garonne commence .... Elle passe à ..., ... Ses affluents de droite sont : ..., ...; son affluent principal de gauche est .... La Garonne se jette ... par un estuaire appelé .... — 67. Le Rhône commence...; il traverse le .... Il passe à ..., ... Ses affluents de droite sont : ..., ...; ses affluents de gauche sont : ..., ..., ... Le Rhône se jette ... par un ... — 68. Au Nord-Est de la France coulent trois fleuves qui se jettent dans ... : ce sont : ..., ..., ... — 69. Les fleuves de France coulent dans de larges ....

Fig. 3. — FRANCE : FLEUVES PRINCIPAUX.

Tracé. — Dessinez, d'après la carte ci-dessus (fig. 3), le cours de la Garonne et le cours du Rhône.

POPULATION DE LA FRANCE

22ᵉ Leçon. — *Phrases à compléter.* — 70. La population de la France est de .... — 71-72. En France, il y a peu d'habitants dans les montagnes, parce que ...; il y a plus d'habitants dans les plaines, parce que ....

23ᵉ Leçon. — *Phrases à compléter.* — 73. Les cinq villes les plus importantes de la France sont : ..., ..., ..., ..., ... — 74. Paris est la .... Paris est le siège du .... — 75. La France est divisée en ... parties qu'on appelle ...; chaque département est divisé en ...; chaque arrondissement est divisé en ...; chaque canton est divisé en ....

Tracé. — Dessinez votre département; marquez les différents arrondissements et l'emplacement de votre commune.

LES VOIES DE COMMUNICATION EN FRANCE

24ᵉ Leçon. — *Phrases à compléter.* — 76-77. Les différentes espèces de routes sont : les ..., les ..., les .... — 78-79. Les différentes espèces de voies navigables sont les ..., les ..., les .... Parmi les cours d'eau navigables, on peut citer .... Les canaux latéraux sont établis ...; le principal est .... Les canaux de jonction sont destinés à ...; les principaux canaux de jonction sont : le ..., le ..., le ..., le ..., les .... Le canal du Midi unit ... avec ... et ....

25ᵉ Leçon. — *Phrases à compléter.* — 80-81. Les chemins de fer français comprennent ... réseaux qui sont : le ..., le ..., le ..., le ..., le ..., le ....

L'AGRICULTURE ET L'ÉLEVAGE EN FRANCE

26ᵉ Leçon. — *Phrases à compléter.* — 82-83. Si on peut cultiver en France beaucoup de plantes utiles, c'est qu'il y ... et qu'il y ... — 84. En France, on cultive surtout le blé dans ..., ..., ..., ...; on cultive surtout la vigne dans ..., ..., ...

27ᵉ Leçon. — *Phrases à compléter.* — 85. Parmi les plantes utiles (autres que le blé et la vigne) cultivées en France, on peut citer : ..., ..., ..., ..., ..., ..., ..., ..., ..., ..., ... — 86-87. En France, on élève des bœufs et des vaches dans ... et ...; des moutons dans ... et ...; des chevaux dans ... et ....

L'INDUSTRIE EN FRANCE

28ᵉ Leçon. — *Phrases à compléter.* — 88-89. La France a des mines de houille dans ... et ...; elle a des mines de fer surtout en .... — 90. En France, le travail du fer se fait surtout dans ..., dans ... et dans ....

29ᵉ Leçon. — *Phrases à compléter.* — 91. En France, il y a beaucoup d'industries qui fabriquent des ... et des .... — 92. En France, il y a beaucoup d'industries qui tissent des ..., des ..., des .... En France, les plus grands tissages de laine, de coton et de lin se trouvent dans ...; les plus grands tissages de soie sont dans .... — 93. La France fabrique beaucoup d'objets de luxe comme les ..., les ..., les ....

LE COMMERCE DE LA FRANCE

30ᵉ Leçon. — *Phrases à compléter.* — 94. Le commerce intérieur de la France est le commerce qui .... — 95. Le commerce extérieur de la France est le commerce qui ....

31ᵉ Leçon. — *Phrases à compléter.* — 96. La France vend à l'étranger des ..., des ..., des ..., des ..., des ..., etc. — 97. La France achète à l'étranger des produits végétaux comme le ..., le ..., le ..., le ..., le ..., le ..., etc., et des produits minéraux comme l' ..., l' ..., le ..., le ..., le ..., etc. — 98. Les principaux ports de commerce français sont : ..., sur la mer du Nord; ... et ... sur la Manche; ..., ... et ... sur l'Océan Atlantique; ... et ... sur la Méditerranée.

LES RÉGIONS DE LA FRANCE

32ᵉ Leçon. — *Phrases à compléter.* — 99. La France se divise en diverses régions qui diffèrent entre elles par ..., par ... et par ... : voilà pourquoi les habitants ne vivent pas de la même façon dans .... — 100. La Beauce est un exemple de ...; elle est plate comme .... Dans le sol calcaire de la Beauce, les eaux ... et pour avoir de l'eau, il faut .... Les maisons des villages sont groupées .... Le sol fertile de la Beauce produit .... En Beauce on élève beaucoup ....

33ᵉ Leçon. — *Phrases à compléter.* — 101. La Savoie est un exemple de .... Les villages sont bâtis .... En hiver les habitants de la Savoie restent ... et leurs vaches restent .... Au printemps et en été, les troupeaux .... Avec le lait des vaches, les vachers .... Dans les forêts de la montagne, d'autres Savoyards .... Les deux richesses de la Savoie sont ... et ....

34ᵉ Leçon. — *Phrases à compléter.* — 102. La Bretagne est un exemple de .... Les villages voisins de la mer sont habités en grande partie par .... Les champs voisins de la mer produisent des .., des ..., des .... Les deux richesses de la Bretagne sont ... et ....

35ᵉ Leçon. — *Phrases à compléter.* — 103. La région du Nord est un exemple de .... La région du Nord possède d'abondantes ... qui alimentent les ... où l'on tisse ..., ..., ... et où l'on forge ... et .... Les deux richesses de la région du Nord sont ... et ....

LES COLONIES DE LA FRANCE

36ᵉ Leçon. — *Phrases à compléter.* — 104-105. Nos colonies sont peuplées par des ... qui ... et par des ... qui .... — 106. Nos colonies sont situées en ..., en ..., en ..., en .... Nos plus grandes colonies sont situées en ... et en ...

37ᵉ Leçon. — *Phrases à compléter.* — 107. Nos trois plus belles colonies d'Afrique sont comprises dans ...; ce sont l' ..., la ..., le ..... — 108. Nos autres colonies africaines sont l' ..., l' ..., l'île de .... — 109. L'Indochine française, située en Asie, comprend le ..., l' ..., le ... et la ....

L'EUROPE

38ᵉ Leçon.

110. L'Europe. — L'Europe est la plus petite des cinq parties du Monde.

L'Europe est située presque tout entière dans la zone tempérée. Presque partout les habitants de l'Europe peuvent cultiver le sol.

L'Europe possède beaucoup de mines de houille. Presque partout ses habitants peuvent fabriquer des objets dans des usines.

L'Europe est pénétrée par de nombreuses mers. Partout ses habitants se trouvent près des ports, par où ils peuvent importer les produits des cultures de tous les autres pays du monde, par où ils peuvent exporter les produits fabriqués dans leurs usines.

Voilà pourquoi l'Europe est très peuplée et très riche.

La plupart des habitants de l'Europe appartiennent à la race blanche.

111. Mers, îles et presqu'îles de l'Europe. — 1° L'Europe est bordée au Nord par l'*Océan Glacial du Nord*.

2° L'Europe est bordée à l'Ouest par l'*Océan Atlantique*. Trois mers secondaires dépendent de cet Océan : la *Mer Baltique*, la *Mer du Nord* et la *Manche*.

L'Océan Atlantique entoure le grand archipel des *Iles Britanniques*. Il baigne les *presqu'îles Scandinave* et *Ibérique*.

3° L'Europe est bordée au Sud par la *Mer Méditerranée*. La Mer Méditerranée est unie à l'Océan Atlantique par le *détroit de Gibraltar*, qui sépare l'Europe de l'Afrique. Trois mers secondaires dépendent de la Mer Méditerranée : la *Mer Adriatique*, la *Mer Egée* et la *Mer Noire*.

La Mer Méditerranée entoure les grandes îles de *Corse*, de *Sardaigne* et de *Sicile*. Elle baigne les *presqu'îles Ibérique, Italique* et *Balkanique*.

4° L'Europe est bornée à l'Est par l'*Asie*. Entre l'Europe et l'Asie s'étend la *mer Caspienne*.

39ᵉ Leçon.

112. Montagnes, plateaux et plaines de l'Europe. — Les *montagnes* les plus hautes de l'Europe sont situées au Sud et au Centre. Ce sont : les *Pyrénées*, les *Alpes* (*Mont Blanc*, 4807 m.), les *Karpates* et les *Balkans*.

Les *plateaux* les plus étendus de l'Europe sont situés à l'Ouest et au Nord.

Les *plaines* les plus vastes de l'Europe sont situées au Nord et à l'Est. La principale est la *Grande Plaine d'Europe*, qui s'étend de la Mer du Nord à l'Asie.

113. Fleuves de l'Europe. — Les douze grands fleuves d'Europe sont : 1° la *Vistule* et l'*Oder*, qui se jettent dans la *Mer Baltique*; 2° l'*Elbe* et le *Rhin* qui se jettent dans la *Mer du Nord*; 3° la *Loire* et le *Tage*, qui se jettent dans l'*Océan Atlantique*; 4° l'*Èbre* et le *Rhône*, qui se jettent dans la *Mer Méditerranée*; 5° le *Danube*, le *Dniestr* et le *Don*, qui se jettent dans la *Mer Noire*; 6° la *Volga*, qui se jette dans la *Mer Caspienne*.

Les plus importants de ces fleuves sont : la Volga, le Danube, le Rhin et l'Elbe.

114. États de l'Europe. — Voici les vingt-trois États de l'Europe :

1° A l'Ouest. — La *France*, capitale *Paris* ; le *Royaume-Uni de Grande Bretagne et d'Irlande*, capitale *Londres* ; la *Belgique* ; les *Pays-Bas*.

2° Au Centre. — L'*Allemagne*, capitale *Berlin*; la *Suisse*; la *Tchéco-Slovaquie*; l'*Autriche*, capitale *Vienne*; la *Hongrie*; la *Roumanie*; la *Yougo-Slavie*.

3° Au Nord. — Le *Danemark*; la *Suède*; la *Norvège*.

4° A l'Est. — La *Russie*, capitale *Pétrograd*; la *Pologne*; la *Finlande*.

5° Au Sud. — La *Bulgarie*; la *Turquie*, capitale *Constantinople*; la *Grèce*; l'*Italie*, capitale *Rome*; l'*Espagne*, capitale *Madrid*; le *Portugal*.

Les plus importants de ces États sont : la France, le Royaume-Uni, l'Allemagne, l'Italie et la Russie.

Questions. — 110. Dans quelle zone est située l'Europe? Montrez l'avantage que procurent à l'Europe les mers qui l'entourent. — 111. Par quel Océan l'Europe est-elle bordée au Nord? Par quel Océan l'Europe est-elle bordée à l'Ouest? Quelles mers secondaires en dépendent? Quel archipel et quelles presqu'îles baigne t-il? Par quelle mer l'Europe est-elle bordée au Sud? Quelles mers secondaires en dépendent? Quelles îles et quelles presqu'îles baigne-t-elle? Nommez le détroit qui fait communiquer l'Océan Atlantique et la mer Méditerranée. Par quelle partie du monde l'Europe est-elle bornée à l'Est? Quelle mer s'étend entre cette partie du monde et l'Europe?

RÉSUMÉ. — L'*Europe* est la plus petite partie du monde, mais elle est très riche et très peuplée.

Les trois grandes mers de l'Europe sont : 1° l'*Océan Glacial du Nord* ; 2° l'*Océan Atlantique* qui forme la Mer Baltique, la Mer du Nord et la Manche; 3° la *Mer Méditerranée* qui forme la Mer Adriatique, la Mer Egée et la Mer Noire.

Les îles principales de l'Europe sont : les *Iles Britanniques* dans l'Océan Atlantique; la *Corse*, la *Sardaigne* et la *Sicile* dans la Mer Méditerranée.

Les presqu'îles principales de l'Europe sont : les presqu'îles *Scandinave, Ibérique, Italique* et *Balkanique*.

Questions. — 112. Où sont situées les montagnes les plus hautes de l'Europe? Quelles sont ces montagnes? Mêmes questions pour les plateaux et les plaines. Nommez le mont le plus élevé des Alpes. — 113. Nommez les fleuves de l'Europe qui se jettent dans la Mer Baltique; ceux qui se jettent dans la Mer du Nord; ceux qui se jettent dans l'Océan Atlantique; ceux qui se jettent dans la Mer Méditerranée; ceux qui se jettent dans la Mer Noire; celui qui se jette dans la Mer Caspienne. — 114. Enumérez les États de l'Europe qui se trouvent à l'Ouest; au Centre; au Nord; à l'Est; au Sud. Nommez les grandes capitales.

RÉSUMÉ. — Les principales montagnes de l'Europe sont: les *Pyrénées*, les *Alpes*, les *Karpates* et les *Balkans*. Le sommet le plus élevé de l'Europe est le **Mont Blanc** (4807 m.) dans les Alpes françaises.

Les fleuves les plus importants de l'Europe sont: la *Volga* qui se jette dans la Mer Caspienne; le *Danube* qui se jette dans la Mer Noire; le *Rhin* et l'*Elbe* qui se jettent dans la Mer du Nord.

L'Europe comprend **23 Etats** dont les plus importants sont : la *France*, cap. *Paris*; le *Royaume-Uni*, cap. *Londres*: l'*Allemagne*, cap. *Berlin*; l'*Italie*, cap. *Rome*, et la *Russie*, cap. *Pétrograd*.

1. CARTE PHYSIQUE DE L'EUROPE. — *Voyez comme l'Europe est profondément pénétrée par les mers : Mer du Nord et Mer Baltique, Mer Adriatique et Mer Noire. Seule l'Est de l'Europe est une masse énorme et épaisse, que les mers ne pénètrent pas.*

Les grandes montagnes de l'Europe : Pyrénées, Alpes, Karpates, Balkans et Caucase, sont toutes dans le Sud de l'Europe. Dans le Nord, il y a surtout des plaines.

2. CARTE POLITIQUE DE L'EUROPE. — *La guerre de 1914-1918 a modifié la division de l'Europe. Elle a rendu à la France l'Alsace et la Lorraine; à l'Italie, des pays baignés par l'Adriatique, qui étaient peuplés d'Italiens. Avec des territoires auparavant occupés par l'Allemagne, par la Russie et par l'ancienne Autriche-Hongrie, elle a agrandi la Roumanie et la Yougo-Slavie, et elle a créé quatre États nouveaux : la Pologne, la Tchéco-Slovaquie, l'Autriche et la Hongrie.*

Voici (fig. 3, 4 et 5) trois pays d'Europe qui diffèrent du nôtre par leur climat.

3. LES PAYS-BAS. — *Les Pays-Bas sont humides : l'eau est partout; elle fait pousser une herbe abondante que pâturent les bestiaux. Les moulins à vent pompent l'eau qui est dans le sol et la renvoient dans les canaux.*

4. LA FORÊT RUSSE EN HIVER. — *La Russie a des hivers beaucoup plus froids. Vous l'avez déjà vu (p. 19, fig. 6). Toute la campagne est couverte de neige. Au lieu de voitures on emprunte, pour se déplacer, des traîneaux sans roues, qui glissent sur la neige glacée.*

5. LA CAMPAGNE AUTOUR DE ROME (ITALIE). — *La campagne autour de Rome est chaude et sèche. Les rayons du soleil y sont brûlants. Les ruines qui sont au fond datent de l'époque où Rome était la capitale d'un grand empire, il y a 2000 ans.*

40ᵉ Leçon.

115. L'Asie. — L'Asie est la plus vaste des cinq parties du monde. Elle est quatre fois plus étendue que l'Europe.

Le Nord de l'Asie est situé dans la zone glaciale.

Le Centre de l'Asie est situé dans la zone tempérée. Une grande partie du Centre de l'Asie est très éloignée de la mer et reçoit très peu de pluies : on y trouve des déserts.

Le Sud et l'Est de l'Asie sont situés dans la zone chaude. On peut y cultiver le riz, le coton, le caoutchouc, et y élever les vers à soie.

L'Asie est la plus peuplée des cinq parties du monde. Le plus grand nombre de ses habitants se trouvent dans la partie la plus productive, c'est-à-dire dans le Sud et dans l'Est.

Les habitants de l'Asie appartiennent à la *race jaune* ou à la *race blanche*.

116. Mers, îles et presqu'îles de l'Asie. — 1° L'Asie est bordée au Nord par l'*Océan Glacial du Nord*.

2° L'Asie est bordée à l'Est par l'*Océan Pacifique*. L'Océan Pacifique baigne l'archipel du *Japon* ; il forme la *Mer du Japon* et la *Mer de Chine*.

3° L'Asie est bordée au Sud par l'*Océan Indien*. L'Océan Indien forme le *Golfe du Bengale*, la *Mer d'Oman* et la *Mer Rouge*.

L'Océan Indien baigne les grandes presqu'îles de l'*Indochine*, de l'*Inde* et de l'*Arabie*.

4° L'Asie est bordée à l'Ouest par la *Méditerranée*. La Méditerranée est séparée de la Mer Rouge par l'*isthme de Suez*, qui relie l'Asie à l'Afrique. Une mer secondaire dépend de la Méditerranée : la *Mer Noire*.

La Méditerranée et la Mer Noire baignent la presqu'île d'*Asie Mineure*.

41ᵉ Leçon.

117. Montagnes, plateaux et plaines de l'Asie. — Les *montagnes* les plus hautes de l'Asie sont situées dans le Sud de l'Asie. La principale est l'*Himalaya*, où se trouve le *Mont Everest* (8840 m.) le point le plus haut du monde.

Les *plateaux* les plus étendus de l'Asie sont situés dans le Centre de l'Asie. Le principal est le plateau du *Tibet*.

Les *plaines* les plus vastes de l'Asie sont situées au Nord. La principale est la *Grande Plaine* du Nord, qui continue la Grande Plaine d'Europe et se prolonge jusqu'à l'Océan Pacifique.

118. Fleuves de l'Asie. — Les huit grands fleuves de l'Asie sont : 1° l'*Obi*, l'*Yénisséi* et la *Léna*, qui se jettent dans l'*Océan Glacial du Nord* ; 2° le *Fleuve Jaune*, le *Fleuve Bleu* et le *Mékong*, qui se jettent dans l'*Océan Pacifique* ; 3° le *Gange* et l'*Indus*, qui se jettent dans l'*Océan Indien*.

119. Partage de l'Asie. — Il y a en Asie des États indépendants et des colonies européennes.

Voici les principaux États indépendants de l'Asie :

1° A l'Ouest. — La *Turquie*, qui possède en Asie l'*Asie Mineure*.

2° Au Sud. — L'*Arabie* ; la *Perse* ; l'*Afghanistan* ; le *Siam*.

3° A l'Est. — La *Chine*, capitale *Pékin* ; le *Japon*, capitale *Tokio*.

Les plus importants de ces États sont la Chine et le Japon ; ce sont les États d'*Extrême-Orient*.

Voici les colonies européennes situées en Asie :

1° Colonies de la France. — *Indochine Française* (voir n° 109).

2° Colonies de l'Angleterre. — L'*Inde*, capitale *Delhi* ; l'*Indochine Anglaise*.

3° Colonies de la Russie. — La *Sibérie* ; la *Caucasie* ; le *Turkestan*.

Questions. — 115. Dans quelle zone est situé le Nord de l'Asie ? le Centre de l'Asie ? le Sud de l'Asie ? l'Est de l'Asie ? L'Asie est-elle plus ou moins peuplée que les autres parties du monde ? A quelles races appartiennent les habitants de l'Asie ? — 116. Par quel océan l'Asie est-elle bordée au Nord ? Par quel océan l'Asie est-elle bordée à l'Est ? Quel archipel cet océan baigne-t-il ? Par quel océan l'Asie est-elle bordée au Sud ? Quelles mers secondaires en dépendent ? Quelles presqu'îles cet océan baigne-t-il ? Par quelle mer l'Asie est-elle bordée à l'Ouest ? Quelle mer secondaire en dépend ? Quelle presqu'île baigne-t-elle ? Quel isthme sépare la Méditerranée de la Mer Rouge ? Quelles parties du monde cet isthme unit-il ?

RÉSUMÉ. — L'*Asie* est la plus vaste des cinq parties du monde. Elle est quatre fois grande comme l'Europe. L'Asie est la partie du monde la plus peuplée. Sa population appartient à la race jaune et à la race blanche.

Les quatre grandes mers de l'Asie sont : l'*Océan Glacial du Nord*, l'*Océan Pacifique*, l'*Océan Indien* et la *Mer Méditerranée*.

Les îles principales de l'Asie sont : les *Iles ou l'Archipel du Japon*.

Les presqu'îles principales de l'Asie sont : l'*Indochine*, l'*Inde*, l'*Arabie* et l'*Asie Mineure*.

Questions. — 117. Où sont situées les montagnes les plus hautes de l'Asie ? Quelle est la principale ? Mêmes questions pour les plateaux les plus vastes et les plaines les plus étendues. Nommez le mont de l'Asie qui est le point le plus haut du monde. — 118. Quels sont les grands fleuves de l'Asie qui se jettent dans l'Océan Glacial du Nord ? ceux qui se jettent dans l'Océan Pacifique ? ceux qui se jettent dans l'Océan Indien ? — 119. Nommez les États indépendants de l'Asie situés à l'Ouest ; au Sud ; à l'Est. Quels sont les deux plus importants de ces États ? Nommez leurs capitales. Dans quelle partie de l'Asie sont-ils situés ? Citez quelques colonies européennes situées en Asie.

RÉSUMÉ. — En Asie, les principales montagnes sont situées dans le Sud ; les principaux plateaux sont situés dans le Centre, la principale plaine est située dans le Nord. La principale montagne de l'Asie est l'*Himalaya*, où se trouve le point le plus haut du monde (8840 m.).

Les fleuves les plus importants de l'Asie sont : le *Fleuve Jaune*, le *Fleuve Bleu*, le *Mékong*, le *Gange* et l'*Indus*.

L'Asie comprend 10 États indépendants dont les plus importants sont : la *Chine*, cap. *Pékin* et le *Japon*, cap. *Tokio*. Elle comprend en outre des colonies appartenant à la France, à l'Angleterre et à la Russie.

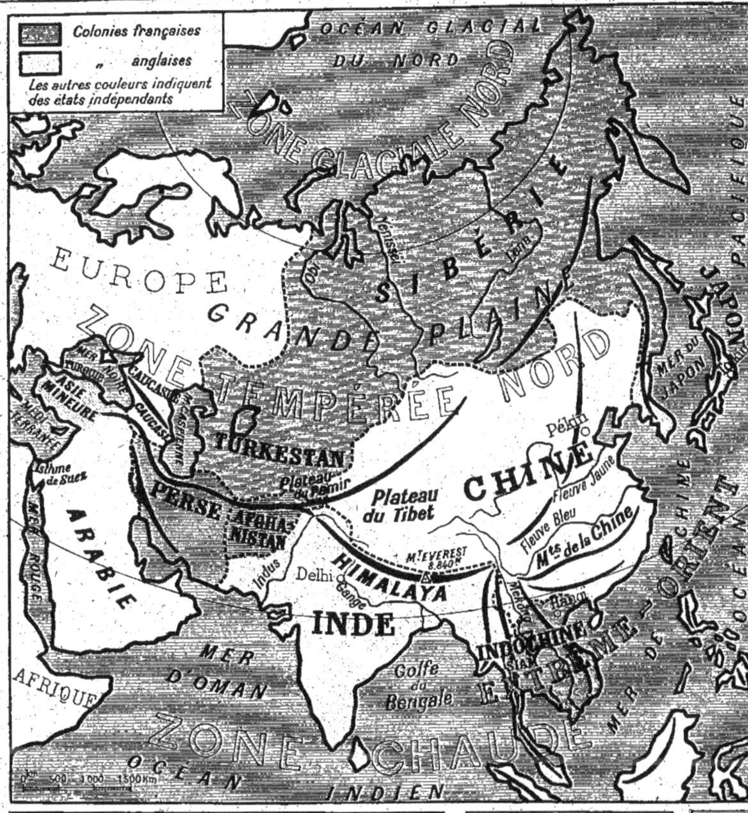

1. **CARTE DE L'ASIE.** — L'Asie est la plus vaste des cinq parties du monde : elle est quatre fois grande comme l'Europe.

Imaginez que vous vous trouvez au Centre de l'Asie (à peu près à l'endroit où se trouve la lettre R du mot « Tempérée »). Pour atteindre l'une des quatre mers qui se trouvent au Nord, à l'Est, au Sud ou à l'Ouest de l'Asie, il vous faudrait parcourir de 3 000 à 5 000 kilomètres, c'est-à-dire trois ou cinq fois plus que la plus grande longueur de la France. L'intérieur de l'Asie est donc très loin de toute mer.

La France et l'Angleterre possèdent des colonies en Asie : les colonies de la France sont teintes en violet ; les colonies de l'Angleterre sont teintes en rose. Elles se trouvent dans la zone chaude et peuvent fournir en abondance ces produits si recherchés : le riz, le sucre, le thé et le café ; la soie, le coton, le caoutchouc et les bois précieux.

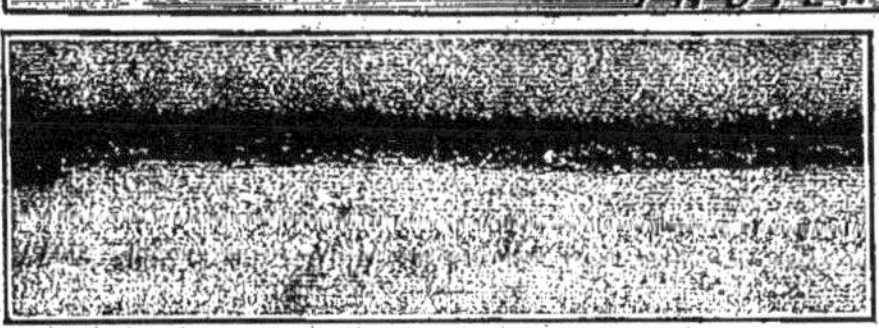

2. — LA PLAINE DE SIBÉRIE EN HIVER.

3. LA CUEILLETTE DU THÉ (INDE). 4. UN ÉLÉPHANT DANS L'INDE.

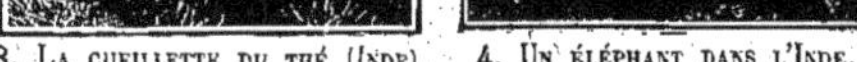

2. LA PLAINE DE SIBÉRIE EN HIVER. — *Cette plaine est plate. Le climat y est très froid.*

3. LA CUEILLETTE DU THÉ DANS L'INDE. — *La feuille de thé séchée donne, en infusion, une boisson que boivent surtout les Chinois, les Japonais, les Russes et les Anglais.*

5. UN VOLCAN AU JAPON. — *Ce volcan s'appelle le Fouzi Yama.*
(Phot. Rider-Saillard « Migeon. Au Japon. »)

4. UN ÉLÉPHANT DANS L'INDE. — *L'éléphant domestique est, en Asie, le meilleur aide des hommes.*

42ᵉ Leçon.

120. L'Afrique. — L'Afrique est plus vaste que l'Europe, moins vaste que l'Asie.

Le Nord et le Sud de l'Afrique touchent aux deux zones tempérées humides. On peut y pratiquer les mêmes cultures qu'en France.

Le Centre de l'Afrique est situé dans la zone chaude. Les forêts, très épaisses, rendent en beaucoup d'endroits la culture impossible : mais on en tire le caoutchouc, l'huile de palme et l'ivoire. Dans les parties où la culture est possible, on récolte le café, le cacao, le coton.

Entre la zone chaude et les deux zones tempérées humides, l'Afrique est occupée par des déserts. Le plus étendu est celui du Nord : le *Sahara*.

L'Afrique offre donc moins de ressources que l'Europe ou que l'Asie. Elle est beaucoup moins peuplée. Les habitants de l'Afrique appartiennent à la *race noire* ou à la *race blanche*.

121. Mers et îles de l'Afrique. — 1° L'Afrique est bordée au Nord par la *Mer Méditerranée*.

2° L'Afrique est bordée à l'Ouest par l'*Océan Atlantique*.

3° L'Afrique est bordée à l'Est par l'*Océan Indien*. Une mer secondaire en dépend : la *Mer Rouge*.

L'Océan Indien baigne la grande *île de Madagascar* séparée de l'Afrique par le *détroit du Mozambique*.

L'Afrique se termine par le *cap de Bonne Espérance*.

122. Le canal de Suez. — Entre la Méditerranée et la Mer Rouge, l'isthme de Suez a été percé par le Français *Ferdinand de Lesseps*.

Le *canal de Suez* permet aux navires d'aller d'Europe en Asie sans faire le tour de l'Afrique.

43ᵉ Leçon.

123. Montagnes, plateaux et plaines de l'Afrique. — Il y a peu de *montagnes* en Afrique. Au Nord s'étend la *chaîne de l'Atlas*; au Sud s'étend la *chaîne du Cap*. A l'Est, se dressent quelques grands massifs, dont le sommet le plus élevé est le *mont Kilimandjaro* (6 000 m.).

La plus grande partie de l'Afrique est constituée par des *plateaux* et par des *plaines*.

124. Fleuves de l'Afrique. — Les quatre grands fleuves de l'Afrique sont : 1° le *Nil*, qui se jette dans la *Mer Méditerranée*; 2° le *Niger* et le *Congo*, qui se jettent dans l'*Océan Atlantique*; 3° le *Zambèze*, qui se jette dans l'*Océan Indien*.

Ces quatre fleuves commencent dans la zone chaude où il pleut beaucoup. Aussi ils roulent de grandes quantités d'eau. Dans la même zone se trouvent les *Grands Lacs Africains*, d'où sort le Nil; le principal est le *lac Victoria*.

125. Partage de l'Afrique. — Il y a en Afrique deux États indépendants . l'*Egypte*, cap. *Le Caire*, et l'*Abyssinie*.

Le reste de l'Afrique est occupé par des colonies européennes. Voici les principales :

1° Colonies de la France. — (Voir nᵒˢ 107 et 108.)

2° Colonies de l'Angleterre. — La principale est l'*Afrique Australe*, capitale *le Cap*. On y trouve les *mines d'or du Transvaal*, les plus riches du monde.

3° Colonie de la Belgique. — C'est le *Congo Belge*.

4° Colonies de l'Italie. — La principale est la *Libye*, sur la Méditerranée.

5° Colonies du Portugal. — Ces colonies sont situées dans le Sud.

RÉSUMÉ. — L'*Afrique* est trois fois plus étendue que l'Europe, mais elle est beaucoup moins peuplée. La plus grande partie de son territoire est dans la zone chaude. Elle possède de nombreux déserts.

Les trois grandes mers de l'Afrique sont : la *Mer Méditerranée*, l'*Océan Atlantique* et l'*Océan Indien* qui forme la Mer Rouge. L'île principale de l'Afrique est l'île de *Madagascar* à l'Est de l'Afrique, dans l'Océan Indien.

Le *Canal de Suez* relie la Méditerranée et la Mer Rouge et permet aux navires d'aller d'Europe en Asie sans faire le tour de l'Afrique.

RÉSUMÉ. — La plus grande partie de l'Afrique est constituée par des plateaux et par des plaines. Ses principales montagnes sont : la *chaîne de l'Atlas* au Nord, la *chaîne du Cap* au Sud et le *mont Kilimandjaro* à l'Est.

Les fleuves les plus importants de l'Afrique sont : le *Nil* qui se jette dans la Mer Méditerranée; le *Niger* et le *Congo* qui se jettent dans l'Océan Atlantique; le *Zambèze* qui se jette dans l'Océan Indien.

L'Afrique comprend un Etat indépendant : l'*Abyssinie*. Le reste de l'Afrique est occupé par des colonies appartenant surtout à la France, à l'Angleterre et à la Belgique.

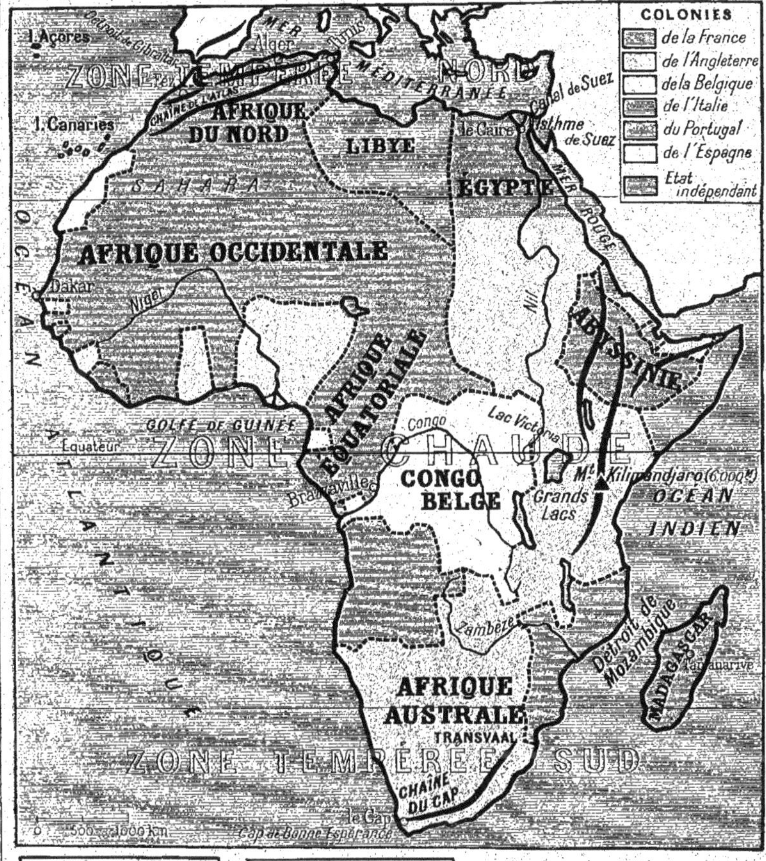

1. Dromadaire. — Dans les déserts de l'Afrique, le dromadaire peut parcourir de longs espaces sans boire et sans manger.

2. Porteur nègre. — Dans la zone chaude de l'Afrique, il n'y a pas de bêtes de somme, car il y a des mouches dont la piqûre tue les animaux domestiques. Ce sont les hommes qui portent les fardeaux.

3. Carte de l'Afrique. — La plus grande partie de l'Afrique est située dans la zone chaude; seules les deux extrémités, au Nord et au Sud, sont situées dans la zone tempérée. La plus grande partie de l'Afrique est occupée par des colonies de la France et de l'Angleterre.

4. Forêt vierge a Madagascar. — Les arbres de la forêt vierge ont 25 m. de haut, au moins.

5. Cactus en Algérie. — Les cactus poussent sous les climats secs.

6. Chariots des Boers dans l'Afrique Australe. — Les Boers sont les habitants de l'Afrique Australe. Certaines parties de leurs pays sont trop sèches pour qu'ils puissent trouver toujours sur place l'herbe nécessaire à leurs troupeaux. Aussi ils se déplacent souvent avec leurs familles et leurs meubles, installés dans de grands chariots traînés par des bœufs.

44ᵉ Leçon.

126. L'Amérique. — L'Amérique est la partie du monde la plus vaste après l'Asie.

L'Amérique est formée par deux grands territoires : l'*Amérique du Nord* et l'*Amérique du Sud*, unies par un territoire moins large : l'*Amérique Centrale*.

L'Amérique se termine au Nord et au Sud dans les deux zones glaciales. Mais la plus grande partie de l'Amérique est située dans la zone chaude et dans les deux zones tempérées. En Amérique, il y a moins de déserts qu'en Asie ou qu'en Afrique. On y trouve en abondance toutes les plantes utiles.

L'Amérique du Nord a les plus riches mines de houille, de pétrole, de fer et de cuivre du monde. Aussi elle a des usines nombreuses et actives. Elle a aussi des riches mines d'or et d'argent.

L'Amérique est encore peu peuplée. Elle attire beaucoup d'Européens. Le plus grand nombre de ses habitants appartient à la *race blanche*. Il y a aussi en Amérique des *Rouges*, des *Noirs* et des *Jaunes*.

127. Mers, îles et presqu'île de l'Amérique. — 1° L'Amérique est bordée au Nord par l'*Océan Glacial du Nord*, qui forme la grande *baie d'Hudson*.

2° L'Amérique est bordée à l'Est par l'*Océan Atlantique*, qui forme la *Mer des Antilles* et le *golfe du Mexique*. L'Océan Atlantique baigne le grand archipel des *Antilles*.

3° L'Amérique est bordée à l'Ouest par l'*Océan Pacifique*, qui baigne la *presqu'île de Californie*.

128. Le canal de Panama. — L'isthme de Panama, situé dans l'Amérique Centrale, a été percé par un canal qui appartient aux États-Unis. Le *Canal de Panama* permet aux navires de passer de l'Océan Atlantique dans l'Océan Pacifique sans faire le tour de l'Amérique du Sud.

45ᵉ Leçon.

129. Montagnes, plateaux et plaines de l'Amérique. — Les *montagnes* les plus hautes de l'Amérique sont situées à l'Ouest. Ce sont, dans l'Amérique du Nord : les *Montagnes Rocheuses*, et, dans l'Amérique du Sud, la *chaîne des Andes* où se trouve le *mont Aconcagua* (6 653 m.)

Le reste de l'Amérique est surtout occupé par des *plateaux* et par des *plaines*.

130. Fleuves de l'Amérique. — Les quatre grands fleuves de l'Amérique sont : 1° dans l'Amérique du Nord, le *Saint-Laurent*, qui sort des cinq *Grands Lacs Américains*, et le *Mississipi*; 2° dans l'Amérique du Sud, l'*Amazone*, le plus puissant fleuve du monde, et le *Rio de la Plata*. Les eaux de ces quatre fleuves vont à l'Océan Atlantique.

131. Partage de l'Amérique. — L'Amérique comprend beaucoup d'États indépendants et peu de colonies européennes. Voici les principaux États et les principales colonies :

1° Dans l'Amérique du Nord. — Les *États-Unis*, capitale *Washington*, principale ville *New-York*; le *Mexique*; le *Canada*, colonie de l'Angleterre. Les États-Unis sont l'une des plus grandes puissances du monde.

2° Dans l'Amérique Centrale. — Un grand nombre de petits États et de colonies. Les colonies sont dans les îles *Antilles*. Le principal État est aussi dans les îles Antilles : c'est l'île de *Cuba*.

3° Dans l'Amérique du Sud. — Dix États indépendants, dont les trois principaux sont : le *Brésil*, capitale *Rio-de-Janeiro*; la *République Argentine*, capitale *Buenos-Aires*; le *Chili*, capitale *Santiago*. Trois colonies, les *Guyanes*, appartiennent à l'Angleterre, à la Hollande et à la France.

Questions. — 126. Quels sont les trois territoires qui composent l'Amérique? Dans quelles zones se termine au Nord et au Sud l'Amérique? Dans quelles zones sont situés les territoires les plus étendus de l'Amérique? L'Amérique a-t-elle plus ou moins de déserts que l'Asie ou que l'Afrique? Y trouve-t-on beaucoup de plantes utiles? Que fournissent les mines de l'Amérique du Nord? A quelles races appartiennent les habitants de l'Amérique? — 127. Par quel océan l'Amérique est-elle bordée au Nord? Quelle baie forme-t-il? Par quel océan l'Amérique est-elle bordée à l'Est? Quelle mer secondaire et quel golfe forme-t-il? Quel archipel baigne-t-il? Par quel océan l'Amérique est-elle bordée à l'Ouest? Quelle presqu'île baigne-t-il? — 128. Où a été percé le canal de Panama? A quoi sert-il?

RÉSUMÉ. — L'*Amérique* est presque aussi étendue que l'Asie. Elle comprend trois parties : l'*Amérique du Nord*, l'*Amérique Centrale* et l'*Amérique du Sud*. L'Amérique a des territoires dans les différentes zones de la Terre.

Les trois grandes mers de l'Amérique sont : l'*Océan Glacial du Nord*, l'*Océan Atlantique* et l'*Océan Pacifique*.

Les îles principales de l'Amérique sont les îles ou archipel des *Antilles*.

La presqu'île principale est la presqu'île de *Californie*.

Le *Canal de Panama* relie l'Océan Atlantique à l'Océan Pacifique. Il permet aux navires d'aller de l'un à l'autre de ces océans sans faire le tour de l'Amérique du Sud.

Questions. — 129. Où sont situées les montagnes les plus hautes de l'Amérique? Quelles sont-elles? Par quoi est surtout occupé le reste de l'Amérique? — 130. Nommez les grands fleuves de l'Amérique du Nord. D'où sort le Saint-Laurent? Nommez les grands fleuves de l'Amérique du Sud. Quel est le plus puissant fleuve du monde? Dans quel océan se jettent tous les grands fleuves de l'Amérique? — 131. L'Amérique comprend-elle beaucoup d'États indépendants? de colonies européennes? Quels sont les États indépendants de l'Amérique du Nord? Quel est le plus puissant? Nommez sa capitale et sa principale ville. Nommez une colonie de l'Angleterre dans l'Amérique du Nord? Quel est le principal État de l'Amérique Centrale? Nommez les trois principaux avec leurs capitales. Comment s'appellent les trois colonies de l'Amérique du Sud? A qui appartiennent-elles?

RÉSUMÉ. — Les principales montagnes de l'Amérique sont : les *Montagnes Rocheuses* dans l'Ouest de l'Amérique du Nord et la *Chaîne des Andes* dans l'Ouest de l'Amérique du Sud.

Les fleuves les plus importants de l'Amérique sont : le *Saint-Laurent* et le *Mississipi* dans l'Amérique du Nord; l'*Amazone* et le *Rio de la Plata* dans l'Amérique du Sud. Ces quatre fleuves se jettent dans l'Océan Atlantique.

Les principaux États de l'Amérique sont : les *États-Unis*, le *Brésil* et la *République Argentine*. Le *Canada*, situé dans l'Amérique du Nord, est une grande colonie anglaise.

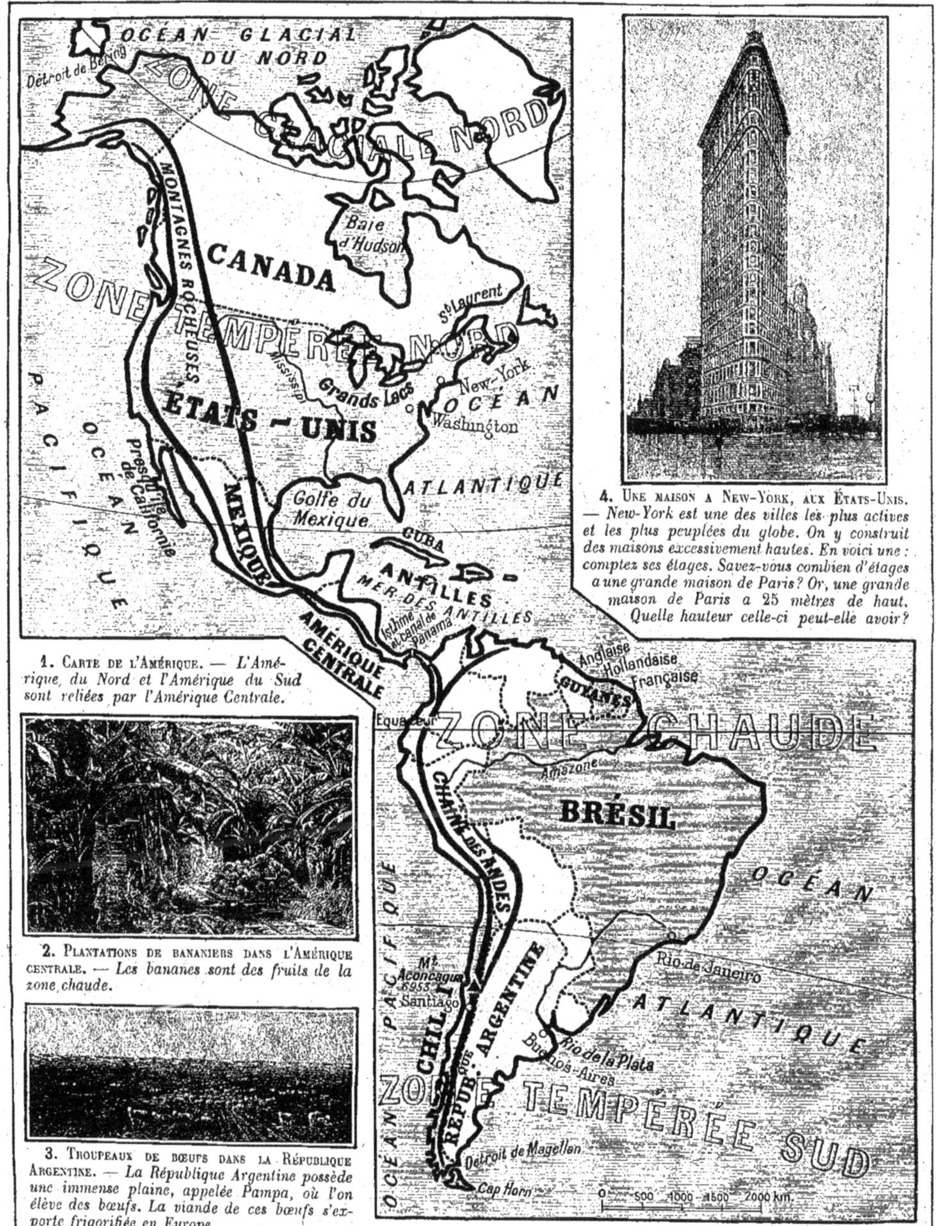

1. CARTE DE L'AMÉRIQUE. — *L'Amérique du Nord et l'Amérique du Sud sont reliées par l'Amérique Centrale.*

2. PLANTATIONS DE BANANIERS DANS L'AMÉRIQUE CENTRALE. — *Les bananes sont des fruits de la zone chaude.*

3. TROUPEAUX DE BŒUFS DANS LA RÉPUBLIQUE ARGENTINE. — *La République Argentine possède une immense plaine, appelée Pampa, où l'on élève des bœufs. La viande de ces bœufs s'exporte frigorifiée en Europe.*

4. UNE MAISON A NEW-YORK, AUX ÉTATS-UNIS. — *New-York est une des villes les plus actives et les plus peuplées du globe. On y construit des maisons excessivement hautes. En voici une : comptez ses étages. Savez-vous combien d'étages a une grande maison de Paris? Or, une grande maison de Paris a 25 mètres de haut. Quelle hauteur celle-ci peut-elle avoir?*

46ᵉ Leçon.

132. L'Océanie. — L'Océanie est située dans l'*Océan Pacifique*, à l'Est de l'*Océan Indien*.

L'Océanie comprend une vaste terre : l'*Australie* qui est grande comme les trois quarts de l'Europe. L'Océanie comprend, en outre, quelques grandes îles et de nombreuses petites îles. Les grandes îles de l'Océanie forment trois archipels qui sont, du Nord au Sud : la *Nouvelle-Zélande*, les *îles de la Sonde* et les *îles Philippines*.

Certains territoires de l'Océanie sont situés dans la zone chaude. On y cultive le *riz*, le *café* et le *thé*, le *coton* et le *caoutchouc*.

D'autres territoires de l'Océanie sont situés dans la zone tempérée. On y cultive le *blé* et la *vigne*; on y élève des *bœufs* et des *moutons*.

L'Australie possède de riches mines d'or.

Les habitants de l'Océanie appartiennent surtout à deux races : la *race jaune* et la *race noire*. Mais de nombreux *Blancs* d'Europe ont émigré dans les territoires de l'Océanie qui appartiennent à la zone tempérée.

Questions. — 132. Dans quel océan est située l'Océanie? Quel est le continent que comprend l'Océanie? Quels sont les trois archipels formés par les grandes îles de l'Océanie? Que cultive-t-on dans les territoires de l'Océanie situés dans la zone chaude? Que cultive-t-on dans les territoires de l'Océanie situés dans la zone tempérée? Quels animaux y élève-t-on? Quelles sont les mines que possède l'Australie? A quelles races appartiennent les habitants de l'Océanie? Où se trouvent les blancs en Océanie?

RÉSUMÉ. — **L'***Océanie* est située dans l'*Océan Pacifique*. Elle comprend l'*Australie*, vaste terre grande comme les trois quarts de l'Europe, et elle comprend, de plus, de nombreuses îles, grandes ou petites. Les grandes îles de l'Océanie sont : les îles de la **Nouvelle-Zélande**, les îles de la Sonde et les îles **Philippines**.

133. Partage de l'Océanie. — L'Océanie ne comprend que des colonies appartenant à divers États. Voici quelles sont les principales de ces colonies :

1° **Colonies de l'Angleterre.** — Les colonies anglaises sont les plus importantes de l'Océanie.

Elles comprennent : 1° l'*Australie* (villes principales : *Sydney* et *Melbourne*), située en partie dans la zone chaude et en partie dans la zone tempérée; l'intérieur est un désert; 2° le grand archipel de la *Nouvelle-Zélande*, situé dans la zone tempérée; 3° de nombreuses îles, où les navires anglais qui traversent l'Océan Pacifique peuvent faire escale.

2° **Colonies des Pays-Bas.** — Les colonies des Pays-Bas sont les *îles de la Sonde*, capitale *Batavia*. Elles sont situées dans la zone chaude.

3° **Colonies des États-Unis.** — Les colonies des États-Unis sont les *îles Philippines*, capitale *Manille*. Elles sont situées dans la zone chaude.

4° **Colonies de la France.** — Les colonies de la France sont moins importantes que celles de l'Angleterre, des Pays-Bas ou des États-Unis (voir n° 106).

133. Quels sont les principaux États qui se partagent les colonies de l'Océanie? Nommez les deux principales colonies anglaises. Quelles sont les principales villes de l'Australie? Quelles sont les autres colonies de l'Angleterre en Océanie? Quelles sont les colonies des Pays-Bas en Océanie? Quelle est leur capitale? Où sont-elles situées? Quelles sont les colonies des États-Unis en Océanie? Quelle est leur capitale? Où sont-elles situées?
Rappelez le nom de la principale colonie française en Océanie.

L'Australie possède de riches mines d'or.
Tous les territoires de l'Océanie sont des colonies. Parmi ces colonies, l'Australie et la Nouvelle-Zélande appartiennent à l'Angleterre; les îles de la Sonde appartiennent aux Pays-Bas; les îles Philippines appartiennent aux États-Unis.

CONCLUSION

Nous venons de faire rapidement le tour de la Terre.

Nous avons vu que la France n'est ni le pays le plus vaste, ni le pays le plus peuplé de la Terre.

Mais la France est une des *grandes puissances* du Monde, grâce aux produits de son agriculture et de son industrie, et grâce à son commerce.

La France est un *grand pays civilisé* : ses savants et ses artistes sont utiles au monde entier; ses négociants font du commerce avec le monde entier.

La France est un *grand pays colonisateur* : elle profite des produits de ses colonies; les indigènes de ses colonies profitent de la civilisation de la France.

Nous apprendrons avec soin la géographie de la France, parce que la France est notre *patrie* : nous devons la connaître et l'aimer.

Nous apprendrons avec soin la géographie des cinq parties du monde, parce que nous devons connaître leurs produits et leurs habitants, pour savoir les profits que la France peut trouver en faisant du commerce avec elles, et pour savoir aussi les profits que nous pouvons procurer aux autres habitants du globe.

Ainsi, en apprenant la géographie, nous nous préparons à bien servir la France, et nous nous préparons aussi à être utiles aux autres hommes.

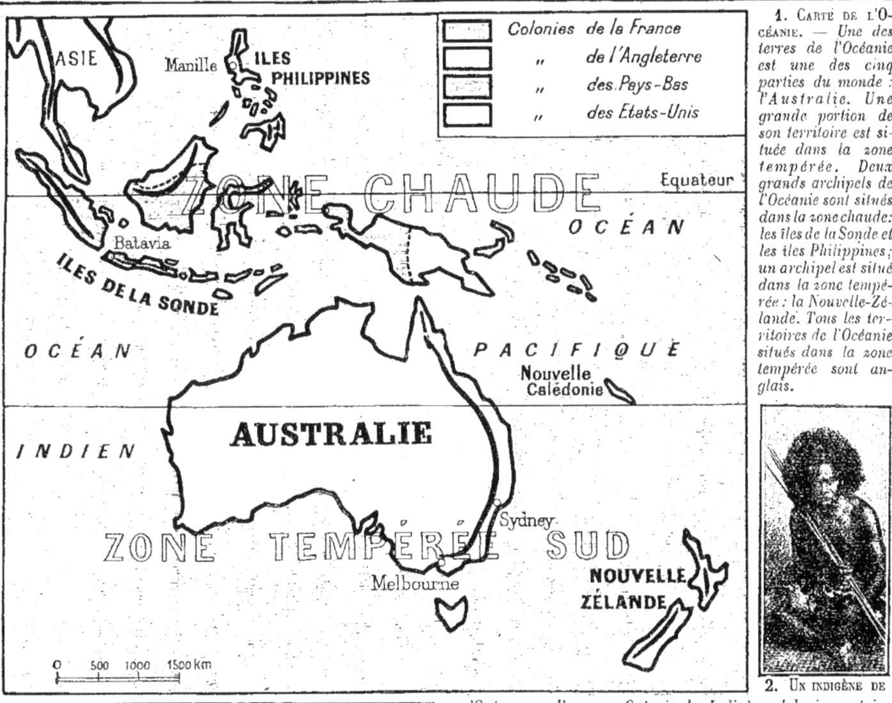

1. Carte de l'Océanie. — Une des terres de l'Océanie est une des cinq parties du monde : l'Australie. Une grande portion de son territoire est située dans la zone tempérée. Deux grands archipels de l'Océanie sont situés dans la zone chaude: les îles de la Sonde et les îles Philippines; un archipel est situé dans la zone tempérée : la Nouvelle-Zélande. Tous les territoires de l'Océanie situés dans la zone tempérée sont anglais.

2. Un indigène de l'Océanie. — Il y a en Océanie des indigènes laborieux et intelligents : par exemple dans les îles Philippines, dans les îles de la Sonde et en Nouvelle-Zélande. Mais certaines îles de l'Océanie sont habitées par des indigènes féroces et sauvages comme celui que représente la gravure. Ces sauvages appartiennent à la race noire. Ils vivent de la chasse. Ils sont incapables de cultiver la terre.

3. Un atoll en Océanie. — Beaucoup d'îles en Océanie sont petites et occupées au milieu par une sorte de lac d'eau salée, ou lagune, communiquant avec la mer. On appelle ces îles des atolls. Les atolls peuvent servir de ports grâce aux lagunes.

4. Cueillette du café dans les îles de la Sonde. — L'arbre à café est-il plus grand que l'arbre à thé? Regardez la fig. 3 de la page 41 pour répondre.

5 et 6. La laine en Australie. — En Australie, on élève beaucoup de moutons (fig. 5). Leur laine mise en sacs (fig. 6) est expédiée vers les tissages de l'Europe.

4. — Cueillette du café dans les îles de la Sonde.

5 et 6. — La laine en Australie.

REVISION DE LA TROISIÈME PARTIE
(LES CINQ PARTIES DU MONDE)

L'EUROPE

38° Leçon. — *Phrases à compléter.* — 110. L'Europe est située presque tout entière dans .... La plupart des habitants de l'Europe appartiennent à .... — 111. L'Europe est bornée au Nord par .... L'Europe est bornée à l'Ouest par ... dont dépendent trois mers secondaires qui sont : ..., ..., ... L'Europe est bornée au Sud par ... qui est unie à l'Océan Atlantique par ... et dont dépendent trois mers secondaires qui sont : ..., ..., ... L'Europe est bornée à l'Est par ... ; entre l'Europe et l'Asie est la mer ....

39° Leçon. — *Phrases à compléter.* — 112. Les montagnes les plus hautes de l'Europe sont situées au ... et .... Les principales montagnes de l'Europe sont : les ..., les ..., les ... et les .... Le sommet le plus élevé de l'Europe est le ... qui a ... de hauteur et se trouve dans les .... Les plateaux les plus étendus de l'Europe sont situés à ... et au ... ; les plaines les plus vastes de l'Europe sont situées au ... et à .... La principale de ces plaines est la ... qui s'étend depuis ... jusqu'à .... — 113. Les douze grands fleuves de l'Europe sont : la ... et l' ... qui se jettent dans ... ; l' ... et le ... qui se jettent dans ... ; le ... et le ... qui se jettent dans ... ; l' .... et le... qui se jettent dans ... ; le ..., le ... et le ... qui se jettent dans ... ; la ... qui se jette dans .... Les plus importants de ces fleuves sont : la ..., le ..., le ... et le .... — 114. L'Europe comprend ... États, savoir : 1° quatre États à l'Ouest qui sont : la ..., capitale ... ; l' ..., capitale ... ; la ..., les ... ; 2° sept États au Centre qui sont : l' ..., capitale ... ; la ... ; la ... ; l' ..., capitale ... ; la ... ; la ... ; la ... ; 3° trois États au Nord qui sont : le ... ; la ... ; la ... ; 4° trois États à l'Est qui sont : la ..., capitale ... ; la ... ; la ... ; 5° six États au Sud qui sont : la ... ; la ..., capitale ... ; la ... ; l' ..., capitale ... ; l' ..., capitale ... ; le .... Les plus importants des divers États de l'Europe sont : ..., ..., ..., ... et ....

Tracé. — Dessinez la côte Ouest de l'Europe ; marquez l'Océan qui baigne cette côte et les trois mers secondaires qui dépendent de cet Océan.

L'ASIE

40° Leçon. — *Phrases à compléter.* — 115. L'Asie est le plus vaste des ... ; elle est ... fois plus étendue que .... Le Nord de l'Asie est situé dans ... ; le Centre de l'Asie est situé dans ... ; le Sud et l'Est de l'Asie sont situés dans .... L'Asie est la plus peuplée des ... ; les habitants de l'Asie appartiennent à .... — 116. L'Asie est bornée au Nord par .... L'Asie est bornée à l'Est par ... qui baigne .... L'Asie est bornée au Sud par ... qui baigne les grandes presqu'îles de ..., de ..., de ... et dont dépendent deux mers secondaires qui sont : ... et .... L'Asie est bornée à l'Ouest par ... dont dépend une mer secondaire qui est .... La Méditerranée est séparée de la mer Rouge par ... qui relie ... à ....

41° Leçon. — *Phrases à compléter.* — 117. Les montagnes les plus hautes de l'Asie sont situées .... La principale montagne de l'Asie est ... où se trouve le ... qui a ... de hauteur et qui est le sommet .... Les plateaux les plus étendus de l'Asie sont situés .... Le principal des plateaux de l'Asie est .... Les plaines les plus vastes de l'Asie sont situées .... La principale de ces plaines est la .... — 118. — Les huit grands fleuves de l'Asie sont : l' ..., l' ... et la ... qui se jettent dans ... ; le ..., le ... et le ... qui se jettent dans ... ; le ... et l' ... qui se jettent dans .... — 119. L'Asie comprend ... États indépendants, savoir : 1° quatre États à l'Ouest qui sont : ..., ..., ..., ... ; 2° quatre États au Sud qui sont : ..., ..., ..., ... ; 3° deux États à l'Est qui sont ; ..., capitale ... et ..., capitale .... Les plus importants de ces divers États sont : ... et .... Le reste de l'Asie est occupé par des colonies qui appartiennent à ..., à ... et à ....

Tracé. — Dessinez la côte Est de l'Asie ; marquez l'Océan qui baigne cette côte et l'embouchure des trois grands fleuves qui se jettent dans cet Océan.

L'AFRIQUE

42° Leçon. — *Phrases à compléter.* — 120. L'Afrique est ... fois plus étendue que .... Le Nord et le Sud de l'Afrique sont situés dans ... ; le Centre de l'Afrique est situé dans .... Entre la zone chaude et les deux zones tempérées, l'Afrique est occupée par ... dont le plus grand est .... L'Afrique est beaucoup moins peuplée que ... et ... ; les habitants de l'Afrique appartiennent surtout à .... — 121. L'Afrique est bornée au Nord par ... ; elle est bornée à l'Ouest par ... ; elle est bornée à l'Est par ... dont dépend une mer secondaire qui est .... L'Océan Indien baigne la grande île de ... qui est séparée de l'Afrique par le détroit .... Au Sud de l'Afrique est le cap de .... — 122. Le canal de Suez a été percé par ... ; il relie ... à ... et il permet aux navires d'aller ... en ... sans ....

43° Leçon. — *Phrases à compléter.* — 123. L'Afrique renferme peu de montagnes ; au Nord, il y a ... ; au Sud, il y a ... ; à l'Est il y a quelques grands massifs montagneux dont le sommet le plus élevé est ... qui a ... de hauteur. La plus grande partie de l'Afrique est constituée par ... et .... — 124. Les quatre grands fleuves de l'Afrique sont : le ... qui se jette dans ... ; le ... et le ... qui se jettent dans ..., le ... qui se jette dans .... Au Centre de l'Afrique, dans la zone chaude, il y a de grands lacs appelés ..., dont le principal est .... Le Nil sort des .... — 125. L'Afrique ne comprend qu'un État indépendant qui est .... Le reste de l'Afrique est occupé par des colonies qui appartiennent surtout à ..., à ..., à .... La France possède en Afrique ..., ..., ..., ... ; l'Angleterre possède en Afrique

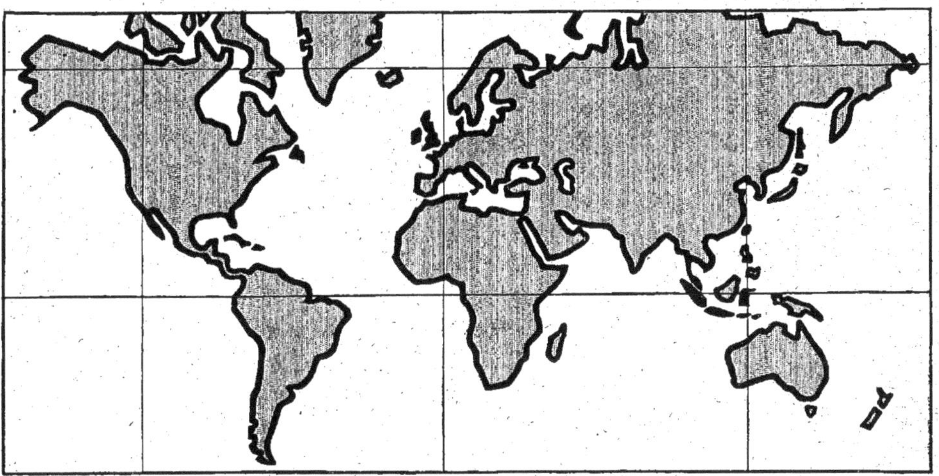

Fig. 1. — LES CINQ PARTIES DU MONDE.

..., capitale ..., et ..., capitale ...; la Belgique possède en Afrique ...; l'Italie possède en Afrique ...; les colonies du Portugal sont situées ....

Tracé. — Dessinez l'Afrique; marquez les océans et les mers qui la bornent et les quatre grands fleuves qui l'arrosent.

L'AMÉRIQUE

44ᵉ Leçon. — *Phrases à compléter.* — 126. L'Amérique est presque aussi étendue que ...; elle est formée de deux territoires qui sont : ... et ... entre lesquels se trouve.... Le Nord et le Sud de l'Amérique sont situés dans ...; mais la plus grande partie de l'Amérique est située dans ... et .... Le plus grand nombre des habitants de l'Amérique appartient à la race ...; il y a aussi en Amérique des habitants qui appartiennent à ..., à ... et à .... — 127. L'Amérique est bornée au Nord par ... qui forme la ...; l'Amérique est bornée à l'Est par ... qui forme ... et ... et qui baigne ...; l'Amérique est bornée à l'Ouest par .. qui baigne .... — 128. Dans l'Amérique Centrale a été percé le ... qui permet aux navires de passer de ... dans ... sans ....

45ᵉ Leçon. — *Phrases à compléter.* — 129. Les montagnes les plus hautes de l'Amérique sont situées à ...; dans l'Amérique du Nord, ce sont les ...; dans l'Amérique du Sud, c'est la ... où se trouve ... qui a ... de hauteur. Le reste de l'Amérique est surtout occupé par ... et .... — 130. Les quatre grands fleuves de l'Amérique sont : 1° dans l'Amérique du Nord, le ... et le ...; 2° dans l'Amérique du Sud, l' ... et ... Ces quatre fleuves se jettent dans .... — 131. L'Amérique du Nord comprend les deux États indépendants suivants : les ..., principale ville ..., et le ... En

outre, l'Amérique du Nord comprend le ... qui est une colonie de .... L'Amérique Centrale comprend des États indépendants dont le principal est ...; elle comprend surtout des colonies qui sont situées dans .... L'Amérique du Sud comprend dix États indépendants dont les trois principaux sont : ..., capitale ...; la ..., capitale ... et le ..., capitale .... Au Nord de l'Amérique du Sud sont trois colonies appelées ... qui appartiennent à ...; à ... et à ....

Tracé. — Dessinez l'Amérique du Nord; marquez les océans qui la bornent — Dessinez l'Amérique du Sud; marquez la chaîne de montagnes et les deux grands fleuves de l'Amérique du Sud.

L'OCÉANIE

46ᵉ Leçon. — *Phrases à compléter.* — 132. L'Océanie est située dans ..., à l'Est de .... L'Océanie comprend un vaste continent qui est l' ..., grande comme ... de l'Europe; en outre, l'Océanie comprend de nombreuses îles dont les plus grandes sont : ..., ... et .... L'Australie possède des .... La plus grande partie de la population appartient à la race ... et à .... — 133. L'Océanie ne comprend que des colonies qui appartiennent notamment à ..., ..., ..., ... L'Angleterre possède en Océanie l' ... (villes principales ... et ...) et l'archipel de .... Les Pays-Bas possèdent en Océanie les ..., capitale ...; les États-Unis possèdent en Océanie les ..., capitale ...; la France possède en Océanie l'archipel de ....

Tracé. — Dessinez l'Australie; marquez les deux villes principales de l'Australie et le nom de quelques-unes des principales îles de l'Océanie.

TABLE DES MATIÈRES

I. — NOTIONS GÉNÉRALES

Exercices de revision sur la première partie.

II. — LA FRANCE

Exercices de revision sur la deuxieme partie.

III. — LE MONDE

Exercices de revision sur la troisième partie.

77 800 — Imprimerie générale Lahure, rue de Fleurus, 9, Paris.

www.ingramcontent.com/pod-product-compliance
Ingram Content Group UK Ltd.
Pitfield, Milton Keynes, MK11 3LW, UK
UKHW022149070726
13613UKWH00003B/1451